安部龍太郎

信長になれなかった男たち

戦国武将外伝

幻冬舎新書
533

信長になれなかった男たち／目次

第二章　天下泰平は、夢のまた夢　73

DTP　美創

はじめに「信長とコペルニクス」

コペルニクス的転回という言葉がある。

人類は長い間、大地は不動のもので、太陽や月、星が大地のまわりを巡っていると信じてきた。今でも陽が昇り陽が沈むと言い、太陽の方が動いていると感じているのだから、古代、中世、そして近世に至るまでそう信じられていたのは無理もないことである。

ところが十五世紀末になって、この考えに異を唱える天文学者たちが現れた。彼らは天体観測の結果、動いているのは天ではなく大地だということを発見した。

大地は太陽や月のように球体で、太陽のまわりを一年周期で回っているというのである。これを地動説といい、天が回っているという考えを天動説という。

両説はしばらくせめぎ合いをくり返したが、やがて一五四〇年代になってコペルニクスが『天体の回転について』という本を刊行し、地動説が正しいことを証明した。

これ以後天動説から地動説に変わったことを、コペルニクス的転回と呼ぶのである。影響はそれ以前に始まっていた。地球が丸いのなら西へ西へ、あるいは東へ東へと航路をたどれば、やがて元の場所に戻ってくるはずだ。そう考えた船乗りたちは、実証するための航海に出た。

そうした猛者《もさ》たちの中で最初に成功をおさめたのはクリストファー・コロンブス。彼は大西洋を西へ向かいアメリカ大陸に到達した。次にバスコ・ダ・ガマがアフリカの喜望峰《きぼうほう》を回って東へ向かい、インドのカリカットにたどり着いた。

こうして大航海時代が始まり、コロンブスを支援したスペイン、ガマを支援したポルトガルによって、世界各地が植民地化されていった。

地球規模の変動の波は、鉄砲伝来やフランシスコ・ザビエルの来日という形で、極東の日本にも押し寄せてきた。そうして南蛮貿易やポルトガルとの外交が始まり、日本は否応《いやおう》なく、グローバル化の影響を受けるようになった。

これは幕末の黒船来航とまったく同じである。外圧の高まりが幕末の動乱を引き起こしたように、大航海時代の影響が戦国時代の動乱を加速させていった。

やがて天下の覇者となった織田信長のもとに、イエズス会東インド巡察師のアレッシャンドロ・ヴァリニャーノがやって来て、スペインとの新たな外交条約の締結を迫る。しかしこの交渉は決裂し、信長はイエズス会やスペインと関係を断つ決断をする。これが本能寺の変の引き金になったと私は考えている（詳細は『信長はなぜ葬られたのか』を参照していただきたい）。

つまりコペルニクス的転回と大航海時代の始まりが、遠く日本にまで影響を及ぼし、信長とヴァリニャーノを引き合わせ、本能寺の変の遠因となったということである。

奇《く》しくもヴァリニャーノは、コペルニクスが在籍したことのあるイタリアのパトヴァ大学の出身である。私は『信長燃ゆ』（新潮文庫）を書く前、彼の足跡をたどるために同校を訪ねた。

ガリレオ・ガリレイがここで学んだこともあって、「完全な知識のゆりかご」と呼ばれた名門大学。それがこんなに小さい規模なのかと驚いたが、この大学を出たヴァリニャーノがはるばる日本を訪ね、信長と対面したのかと思うと感慨もひとしおだった。

ところが日本の歴史学は、長い間こうした視野を国民共通のものにすることができなかった。

その原因は二つある。ひとつは江戸時代の鎖国史観である。江戸幕府は二百二十年ちかく鎖国をつづけ、国民には外国があることを教えなかった。戦国時代についても、国内的な視野でしか語らせなかった。

そのために外交、貿易、キリスト教などについては軽視、あるいは無視した歴史観を作り上げ、それが明治維新後も是正されることなく今日まで受け継がれてきた。

もうひとつは、日本史と世界史を分けて教える教育の在り方である。まるで日本史と世界史は別々だとでもいうような教育方針をとってきたために、日本人は自国と世界の歴史的なつながりを希薄《きはく》にしか感じられなくなった。

これではいくら国際人を育てるというスローガンをかかげても、馬の耳に念仏である。もうそろそろこうした悪弊《あくへい》を正し、新しい戦国史観を確立する必要がある。

私は二十年来そうした考えを持ち、歴史小説を書くための取材で得たさまざまな史実や考察を、折々にエッセイという形で発表してきた。本書はそうした小文を再構成したものである。

まえがきのタイトルを「信長とコペルニクス」にしたのは、信長がイエズス会やポルトガルなどとの交流によって、大航海時代を創出したコペルニクスにまで通じていることを象徴的に表したかったからである。

またこの小著が、日本史のコペルニクス的転回の一助になるようにというひそかな願いも込めている。

信長、そして同時代の武将たちは、日本が初めて西洋と出会い、学問、文化、技術、信仰、政治、経済など、あらゆる面で影響を受けた時代を生きた。

その期間はおよそ九十年。明治維新から昭和三十年までの長さに匹敵する。

彼らはそうした激動の中で、生きる道を必死に模索《もさく》しながら戦いつづけた。そうした姿を正確に理解し評価することこそ、彼らに対する何よりの餞《はなむけ》である。

現代を生きる我々が生き抜くための知恵も、そこから得られるだろう。

ご一読いただき、意のあるところを汲み取っていただければ望外の幸せである。

第一章

規格外の変革者・信長

桶狭間の戦いは奇襲ではなかった

桶狭間の戦いは、戦国史上もっとも名高い戦いのひとつである。

二万五千といわれる今川義元の大軍を、信長はわずか二千余の軍勢で打ち破り、天下統一の大事業に向かって駆け登るきっかけをつかんだのだから、ドラマとしてもまことに面白い。これまで何度も映画や小説で取り上げられてきたのは無理からぬことである。

ところがこの戦いには、長い間ひとつの誤解がつきまとっていた。信長は今川方の大軍を破るために山道を迂回《うかい》し、義元の本陣を奇襲したという説である。

これは小瀬甫庵《おぜほあん》の『甫庵信長記』に始まり、明治三十五（一九〇二）年に参謀本部が編さんした『日本戦史』でも追認されたために、長い間史実であるように信じられてきた。

しかし信長の家臣だった太田牛一が記した『信長公記』をつぶさに読めば、信長は奇襲ではなく真っ正面から今川軍と戦い、敵をまくり上げるような大勝利のはてに義元を討ち取ったことは明らかである。

平成二十二（二〇一〇）年は桶狭間の戦いからちょうど四百五十年目にあたり、桶狭間、大高、有松の各会場でさまざまな催しがおこなわれ、大勢の来場者でにぎわった。私も有松会場で記念講演をさせていただき、戦場となったあたりを見て回った。そうして新たに気付いたことも多いので、その知見を加味してこの戦いの実像に迫ってみたい。

今川義元の本当の狙い

問題のひとつは、なぜ戦いが起こったかということである。

小瀬甫庵は、義元が上洛《じょうらく》して天下に号令するつもりだったと記し、これが後々まで信じられてきたが、義元の本当の狙いは信長との国境《くにざかい》の争いを解決し、三河支配を安定させることにあった。

もともと尾張東部の三郡は、尾張守護の斯波《しば》家から今川家に割譲《かつじょう》されたものだった。

そこで義元は弟の氏豊を那古野城に入れて支配にあたらせていたが、天文四（一五三五）年に信長の父信秀《のぶひで》が氏豊を城から追放して三郡を奪いとった。

以来旧領の回復は今川家の悲願となったが、東に北条、北に武田という強敵をかかえる義元は、軍勢を西へ動かすことができなかった。ところが天文二十三（一五五四）年に三国同盟をむすんで北条、武田の脅威《きょうい》から解放されたので、西への侵攻にとりかかったのである。

桶狭間の戦いの前年、義元は重臣の鵜殿長照《うどのながてる》に大高城の在城を命じ、この方面の戦力強化をはかった。

決戦の年の四月には、知多半島に勢力を張る水野信元に「夏中に進発せしむべく候条、その以前尾州境取出《とりで》の儀申付く」という書状を送って今川方につくように求めた。

また市江島の一向一揆の大将である服部左京助と同盟し、義元の出陣にあわせて船一千余、兵六千をもって天白川《てんぱく》まで出陣させる手筈《てはず》をととのえた。

これに対して信長は、敵方の鳴海城のまわりに丹下砦、善照寺砦、中嶋砦を、大高城には鷲津砦、丸根砦を配し、今川方の侵攻にそなえた。

鳴海、大高を拠点とされれば、天白川より東は今川方に完全に押さえられるので、付《つけ》城《じろ》で包囲することによって両者の連絡を断とうとしたのである。

雨を避けた信長の鉄砲隊

もうひとつの問題は、信長はどうして二万五千もの今川勢に勝つことができたかということだ。その経緯を『信長公記』をもとに述べると次のようになる。

五月十八日、義元は沓掛城に着き、徳川家康らに大高城への兵糧入れと鷲津、丸根砦への夜襲を命じた。家康らは忠実にこれをはたし、翌十九日の未明には二つの砦を陥落《かんらく》させて大高城の窮地を救った。

この報告を受けた義元は、十九日の朝に沓掛城を出て正午ごろに桶狭間山に布陣した。ここで服部水軍の到着を待ち、一気に鳴海城まで兵を進めるつもりだったと思われる。

一方、信長は十八日の夜に清洲城で重臣たちを集めて軍議を開いたものの、自分の考えをまったく明かさなかった。

このころ信長は尾張一国の統一を終えているので、一万五千ほどの軍勢を動かすことは可能だった。ところが重臣の中には今川家と通じている者がいたので、内情が筒抜けになることをさけるために戦の話はいっさいしなかった。

そして翌日の明け方、わずかな近習ばかりを従えて出陣した。その後を追って信長の直属の親衛隊がぞくぞくと集まり、善照寺砦に着いた時には二千ばかりの軍勢になった。

信長は始めから、この手勢だけで戦うと決めていたのである。

中嶋砦にいた佐々隼人正、千秋四郎ら三百人は、信長が善照寺砦に着いたのを確かめると、今川本隊に向かって突撃した。敵の大軍を狭い谷間におびき出すための捨て身の作戦である。

今川勢はまんまとこの策にはまり、山から駆け下りて谷の道へ殺到した。これを見た信長は中嶋砦に全軍を移し、今川勢と真っ正面から戦うことにした。

これでは無勢の我らに勝ち目はないと、重臣たちは馬のくつわに取り付いて止めようとしたが、信長はこれをふり切って最前線に出たのである。

この時、急に暴風雨になった。

一時間ほどつづいたこの嵐が、両軍の勝敗を決定する要因となった。今川方の鉄砲は雨にぬれて使えなくなったが、中嶋砦に避難した信長の鉄砲隊は雨をさけることができたからだ。

この利を充分に知りつくしている信長は、雨が上がるなり一斉射撃をあびせ、三間半（約六メートル）の長槍隊を突撃させた。

「信長鑓《やり》をおっ取って大音声を上げて、すはかゝれ〳〵と仰せられ、黒煙立てゝ懸るを見て、（敵は）水をまくるがごとく後ろへくはっと崩れたり」（『信長公記』）

これが桶狭間の戦いの真実なのである。

家康を大きくした桶狭間の敗戦

信長、秀吉、家康を戦国の三英傑と呼ぶが、上司にするなら家康がいい。信長は鋭すぎて一瞬たりとも気が抜けないようだし、秀吉は頭が良すぎて落ち着けない。だが、家康は内懐が深く、少々失敗しても気長に成長を待ってくれそうである。

三人の性格のちがいを巧みに詠《よ》んだホトトギスの歌がある。鳴かぬなら殺してしまえの信長、鳴かしてみようの秀吉、鳴くまで待とうの家康。信長が直線的、秀吉が多角的なら、家康は螺旋《らせん》的と言うべきだろう。

たとえ失敗しても辛抱強く自分を抑え、何年か後にはそれを克服して飛躍への足がかりに変えていく。いったんは敵となった者にも情をかけ、家臣として使いこなせるように工夫する。家臣たちもそうした家康の姿を間近で見ているだけに、命を捨ててご恩に報いようとする者が多かった。

三方ヶ原の戦いの後、武田方の武将である馬場美濃守は「家康こそ天下の名将である」と言った。討死した徳川家の将兵は、武田勢に向かって倒れた者はうつ伏し、浜松城の方へ倒れた者はあおむけになって、最後の瞬間まで家康に忠義をつくそうとしていたからである。

夏目次郎左衛門もその一人だった。三河の一向一揆の乱の時、次郎左衛門は一揆方として家康と戦った。やがて戦に敗れ、徳川勢に包囲されて進退きわまったが、家康は次郎左衛門を許し、もとのごとく家臣として召しかかえた。

三方ヶ原の戦いの時に、家康の馬のくつわをとっていた次郎左衛門は、家康が浜松城まで逃れる時間をかせぐために敵中に踏みとどまって討死した。

次郎左衛門は家康に命を助けられた後、「哀れ今より後は、如何《いか》にもして、主君の御用に立て此身を果たしたまえ」と毎日持仏堂で祈っていたが、その言葉通りの忠死をとげた。

これこそまさに鳴くまで待った家康の勝利である。

「人の一生は重き荷を負うて遠き道を行くが如し。急ぐべからず」とは有名な遺訓だが、家康がこれほど忍耐強くなったのは、天性の人情家である優しい性格と、幼い頃から苦難を耐えつづけた経験によるものだ。

中でも最大のピンチが、今川方として出陣した桶狭間の戦いに敗れたことだった。

厭離穢土《えんりえど》、欣求浄土《ごんぐじょうど》の教え

家康が生まれた頃の松平家は、今川家に臣従を強いられていた。

祖父清康《きよやす》が三河一国を統一して尾張への進攻をめざしたものの、信長の父信秀を攻撃中に陣中で刺殺された。そのために家康の父広忠は今川家を頼ったが、広忠も織田方となった家臣に暗殺された。

この時、家康は七歳。信秀の人質となって熱田にいた。前の年に今川方に人質として送られる途中に戸田康光に裏切られ、信秀に売り渡されたのである。

信秀は広忠を暗殺し、自分の持ち駒とした家康を松平家の後継者にしようと目論んだが、松平家臣団の強い抵抗にあってはたせなかった。

そのために家康はいつ殺されるか分らない危うい状態におかれたが、やがて織田と今川の人質交換によって駿府城に引きとられた。この地で七年間をすごし、十四歳の時に松平家の当主として岡崎城にもどることを許された。

それから五年後の永禄三（一五六〇）年、今川義元は二万五千の大軍をひきいて尾張進攻をめざした。信長勢に包囲された国境の城を救援し、尾張まで一気に兵を進めて織田家を叩きつぶそうとしたのである。

家康は今川方の先陣として兵を出した。

五月十八日の夜に敵の包囲網を破って大高城に兵糧を入れ、城兵と一手になって義元の進軍を待った。ところが翌日、桶狭間に布陣していた義元は信長に急襲されてあえなく討死したのである。

信長方となっていた水野信元（母於大の兄）からこのことを知らされた家康は、十九日の夜に大高城を脱出して菩提寺である大樹寺に入った。ところが寺のまわりは織田方となった者たちに取り囲まれ、岡崎城にもどることができなくなった。

切羽詰まった家康は先祖の墓前で切腹しようとしたが、住職を務める登誉《とうよ》上人に「厭《えん》離穢《りえど》土、欣求《ごんぐ》浄土《じようど》。戦国乱世を住みよい浄土にするのがお前の役目だ」とさとされ、寺内の衆を集めて活路を開くことにした。

これに応じた祖洞《そどう》という七十人力の僧が門の貫木《かんぬき》をふるって敵を追い散らしたので、家康は無事に城にもどることができたという。

この後、家康は「厭離穢土、欣求浄土」の旗を旌旗《せいき》として本陣で用い、上人の教えを我が心にしようとつとめたのである。

相次ぐ不幸が忍耐力をやしなう

大樹寺は岡崎城の二キロほど北にある。境内から外をながめると、巨大な山門のちょうど真ん中に岡崎城の天守閣が位置している。

この門は三代将軍家光が建てたものだが、家康もこの位置にあった門を打ち開いて岡崎城へと走った。

寺には祖洞が用いたという貫木が寺宝として保存されている。家康はこの貫木を立志開運の「貫木神」と命名したという。

また、遺命に従って作成された等身大の位牌も安置されている。この位牌によって、家康の身長が百五十八センチだったことが分る。

境内にはひときわ美しい多宝塔がある。家康の祖父清康が三河統一を記念して天文四（一五三五）年に建立したものだ。これを見れば清康の文化的素養の高さと財力の大きさがうかがえるが、建立後間もなく清康は二十五歳の若さで刺殺された。

祖父と父の相次ぐ不幸が、家康をひときわ慎重にし、急ぐべからずという忍耐力をやしなわせたのだろう。

家康は事あるごとに大樹寺をたずね、長々と参籠していたという。貫木神や多宝塔をながめながら己の原点に立ち返り、進むべき道を確認していたにちがいない。

金ヶ崎城攻めは海運の拠点争奪戦だった

取材の用あって越前敦賀《つるが》をたずねた。

南北朝時代には新田義貞《にったよしさだ》が足利軍と、戦国時代には朝倉義景《よしかげ》が信長軍と家の存亡をかけて戦ったところである。

まず金ヶ崎宮《かねがさきぐう》にお参りした。金ヶ崎城のふもとにあり、足利軍との戦いでなくなった尊良《たかなが》親王、恒良《つねなが》親王を祭神《さいじん》としている。

境内の売店には難関突破・勝守があった。お守の両端をひもでむすんだもので、信長の妹お市の方が、両端をひもでむすんだ小豆袋を送って浅井長政《あざいながまさ》の裏切りを知らせたという故事にちなんだものだ。

こんな話は江戸時代の講釈師《こうしやくし》がもっともらしく考えたものだと思うが、信長とお市の方の関係を物語るエピソードとしてはよくできていて、今では神社のお守になっている。

境内の横の道を登って、月見御殿跡に行った。敦賀湾に突き出した岬の頂上で、古《いにしえ》には親王方がここで月見をなされたという。

眼下には敦賀湾が北から南へと細く湾入し、北をのぞめば遠く越前海岸を見はるかすことができる。

ここと三国湊《みくにみなと》が日本海海運の要地であったことが、一目で分る絶景《ぜつけい》の地である。

信長が執拗《しつよう》に越前を攻略しようとしたのは、この海運の拠点を手に入れるためだった。

港を押さえて、天下を制す

信長の狙いは畿内の流通を支配することだった。

戦国時代は高度経済成長がつづいていて、物資の流通量が飛躍的に増加した。流通の主翼《しゆよく》をになっていたのは水運である。それゆえ港を支配することがそのまま流通を掌握することにつながった。

港を押さえれば津料《つりよう》（港湾利用税）や関銭《せきせん》（関税）を徴収することができ、莫大な収入を得ることができる。また海外からの輸入に頼っていた鉛や硝石《しようせき》を独占的に手に入れられる。

信長は尾張の津島湊や熱田港を支配していた経験からこのことを学び、畿内三カ所の主要な港を手に入れるための行動を起こした。

まず永禄十一(一五六八)年に足利義昭《よしあき》を奉じて上洛し、堺と大津に代官をおく権利を認めさせた。

義昭は褒美《ほうび》として副将軍の地位や領国を与えようとしたが、信長はそんなものには見向きもせずに南蛮貿易の拠点である堺と、琵琶湖水運の要地である大津を支配下においた。

次なる狙いは日本海海運の要所である敦賀だった。この頃越前の三国湊には多くの明国船が来航し、朝倉氏の管理のもとで活発な貿易をおこなっていた。

三国湊は九頭竜《くずりゅう》川の水運によって一乗谷《いちじょうだに》とつながっている。一乗谷の発掘調査によって確認された膨大な陶磁器や銭は、こうした貿易によってもたらされたものだ。

そうした物資は三国湊から敦賀に運ばれ、琵琶湖水運をへて京都や大坂で売りさばかれた。その頃の名残りが、敦賀の唐仁《とうじん》(人)橋《ばし》という地名にうかがえる。

市内の気比《けひ》神社のお祭りは、華麗な山車《やま》が巡行することで有名だが、昔は山車の大きさが今の三倍もあった。

それほどの財力があったのは、明国との貿易から上がる収益があったからだが、江戸時代に鎖国したために収入が激減し、山車の大きさも三分の一に縮小されたのである。

信長が京に駆けた本当の理由

越前朝倉氏を亡《ほろ》ぼすために、信長は周到な手を打った。

元亀元（一五七〇）年一月、信長は「禁中御修理、武家御用、そのほか天下いよいよ静謐《せいひつ》のため」と称して、畿内近国の諸大名に上洛を求めた。

これに応じて北畠具教《きたばたけとものり》、徳川家康、松永久秀《ひさひで》、浅井長政、六角承禎《ろっかくしょうてい》らが続々と上洛したが、朝倉義景は応じなかった。上洛すれば敦賀を幕府の直轄《ちょっかつ》領にすると言われることが分っていたからである。

そこで信長は「朝倉義景は朝廷と将軍の命令に背き、領国を私物化している」と言い立て、上洛していた諸大名に越前出陣を命じた。

応じた軍勢は七万八千。これに織田家の軍勢三万を加え、信長は四月二十日に京都を出発。二十五日には朝倉勢が立てこもる手筒山《てづつやま》城を攻めた。

この城は金ヶ崎城と尾根つづきの山城で、城の規模ははるかに大きい。朝倉勢五千余はここを死守して信長勢の侵攻をはばもうとしたが、あえなく一日で攻め落とされた。

金ヶ崎城に逃げ込んだ兵も翌日には降伏し、信長は一挙に一乗谷まで攻め込む態勢をととのえた。ところが浅井長政が朝倉方になり、信長軍の退路を断つという報が入った。

お市の方が両端をしばった小豆袋を送って危機を知らせた逸話は、この時のことである。

信長は四月二十八日に敦賀を脱出、若狭から湖西の朽木谷《くつきだに》を通って都に入った。馬廻《うままわ》り衆ばかりを従えて駆けに駆けたので、都に着いた時には従う者はわずか十人になっていたという。

領国の岐阜に向かわなかったのは、近江の道を浅井勢が封じていたためというが、はたしてそうだろうか。信長は十万八千もの軍勢を従えているのだから、浅井、朝倉が束になってかかってきても恐るるに足りない。

信長が一目散に都に駆け戻ったのは、将軍義昭がひそかに裏切り、諸大名に信長を討てと命じたのではないかと疑ったためと思われる。

諸大名の軍勢七万八千がいっせいに敵になったなら、三万の織田勢では太刀打ちできない。そんな事態をさけるために一刻も早く都に戻り、義昭の身柄を押さえなければならない。

それゆえ岐阜ではなく京都に向かったと考えるのが、妥当ではないだろうか。

天才的な駆け引きで勝利した長篠の戦い

織田信長は決断の名人である。

桶狭間の戦いの時には電光石火の出陣をして今川義元を討ち取る大勝利をあげたし、金ヶ崎城を攻めていた時に浅井長政が裏切ったと聞くや、即座に京まで馬を返してピンチを乗り切った。

だが、今度ばかりはどうしたものかと頭を悩まし、出陣の決断をつけかねていた。

天正三（一五七五）年五月、甲斐の武田勝頼が一万五千の兵をひきいて長篠城に攻め寄せた時のことだ。長年同盟をむすんできた徳川家康は、救援を求めて日ごとに使者を送ってくるが、信長にはうかつに動けない事情があった。

大坂の石山本願寺が、信長包囲網を再構築して形勢を逆転しようと、虎視《こし》眈々《たんたん》と隙をうかがっていたからだ。

信長はつい半月前に本願寺攻めに出陣し、河内《かわち》の三好《みよし》一党を降伏させてきたばかりである。もし長篠に出陣して痛手を受けることがあれば、彼らが再び兵を挙げることは目に見えていた。

（だが、家康を見殺しにするわけにはいかぬ）

信長は十日ちかくも迷った末に、救援には行くが自軍が損害を受けない戦法をとることにした。長篠城のちかくに陣城《じんじろ》をきずき、数の力で威圧して武田勢の撤退をうながそうとしたのである。

こうすれば家康を守れるし、本願寺に付け入る隙を与えることもない。信長はそう考え、三万の軍勢に柵をきずくための材木を持つように命じ、五月十三日に岐阜城を出発した。

武田軍のおびき出しに成功

その頃、武田勢は長篠城に猛攻をかけ、三の丸の瓢曲輪《ふくべくるわ》を陥落させて兵糧庫を奪いとっていた。

城中の兵はわずか五百。奥平貞昌《おくだいらさだまさ》にひきいられて決死の防戦をしているものの、三十倍もの大軍に攻められて落城は必至の状況に追い込まれていた。

その二日後、信長は岡崎城に入って家康と作戦を打ち合わせ、長篠城の西方二キロほどのところにある設楽原《したらがはら》に柵をめぐらして陣城をきずき、武田勢と対峙《たいじ》すると申し合わせた。

たとえ長篠城が落城しても、武田勢が退却した後で奪い返せばいいと考えていたが、ちょうどその時、長篠城から鳥居強右衛門《すねえもん》が使者として駆けつけた。

城兵は武田勢の攻撃を持ちこたえているので、何とぞ助けていただきたいという。

「あい分った。明後日には到着するゆえ、奥平にそう伝えよ」

その返答を得た強右衛門は長篠城にとって返したが、武田勢に捕らえられて磔柱《はりつけばしら》にかけられた。この時「援軍が来るので、もう少しの辛抱だ」と叫んで城兵を鼓舞したことはよく知られている。

一方、信長は十七日に野田城に入り、十八日に設楽原の極楽寺に入った。ここから長篠城までは四キロほどだが、信長は三万の軍勢を敵に見えないように段々に配した。数で威圧する作戦から、救援の兵は少ないと見せかけて武田軍をおびき出す作戦に切り替えたのである。

次に連吾川の西側にある高松山に馬防柵と切り岸をきずかせ、家康勢八千を配した。

そうして滝川一益、羽柴秀吉、丹羽長秀の軍勢六千人ばかりを、長篠城の南西の有海《あるみ》原《はら》まで進出させた。

これを見た勝頼は、しめたと思ったことだろう。有海原と高松山の間には小高い山があって、相互に連携して戦うことはできない。それゆえ両者の間に割って入り、家康勢を牽制《けんせい》しながら秀吉らの背後を衝《つ》けば、六千の兵を殲滅《せんめつ》することができる。

そう考えた勝頼は、五月二十日に一万余の軍勢をひきいて有海原と高松山の中間にある清井田まで進出した。この時には信長は極楽寺から茶臼山まで進出していたが、勝頼はそのことに気がついていなかった。

しかも武田勢が長篠城の西を流れる寒狭川《かんさ》（滝川）をわたり始めたとの報を得た秀吉らは、いち早く陣払いして馬防柵の内側に逃げ込んだ。

まんまとおびき出しに成功した信長は、第二の手を打つ。

二十日の夜に酒井忠次らに四千の兵をさずけて鳶ヶ巣《とびがす》山に向かわせ、二十一日の早朝には長篠城を奪回して武田軍の退路を断った。

かくて勝頼は清井田に全兵力を集中し、正面の敵を撃破する以外に取るべき手立てがなくなった。

これを見届けた信長は茶臼山から高取山に陣を移し、総勢三万八千の大軍であることを武田勢に見せつけたのである。

地の利を読み、兵力を隠す

取材のために新城《しんしろ》市をたずねた時、設楽原や長篠城、鳶ヶ巣山などをつぶさに見て回った。

驚いたのは織田勢と武田勢の陣地の近さである。連吾川をはさんでわずか二百メートル。相手の顔がはっきりと見える距離である。

(馬防柵の内側で織田勢が鉄砲を構えて待ち受けているのは分っていたはずなのに、勝頼はなぜ無謀な突撃をさせたのか?)

長い間その謎が解けなかったが、あたりの地形を見れば答えは明白である。

寒狭川は岩場が多く淵が深い。川ぞいの道も細く険しい。もし武田勢がここを通って信濃に退却しようとすれば、織田勢に追撃されて壊滅的な打撃を受ける。それよりは一か八かの突撃をして活路を見出そうと勝頼が考えたのも無理からぬことだが、この判断の誤りが一万ちかくの将兵を失う大惨敗を招いたのだった。

信長は馬防柵と鉄砲によってこの戦いに勝ったと評されることが多いが、それ以上に重要なのは決戦の直前まで兵力を隠し、本願寺との戦いに手をとられている信長には三万もの兵を出せるはずがないと、勝頼に思い込ませたことだ。極楽寺で兵を隠したことと、秀吉らを有海原に配したことが、その意図を明確に示している。

この一戦を機に信長は東からの脅威を取りのぞき、天下統一への動きを加速させていったのである。

仕組まれた安土宗論

ある新聞のアンケート調査で、たずねてみたい史跡ランキングの第一位に安土城が入っていた。

東日本大震災と原発事故以来、日本の政治、経済は混迷を深め、閉塞感と諦めが色濃くただよっている。そうした状況を打ち破りたいという願望が、信長を再評価する気運につながっているのだろう。

信長ほどグローバルな視野を持ち、日本を根本的に変えなければならないと決意した政治家は希《まれ》なのだから、それももっともな話である。

近江八幡市安土町には他にも安土城考古博物館や桑実寺《くわのみでら》、観音寺《かんのんじ》城跡などがあるので、一日ゆっくりと散策し、戦国時代と信長の生き様に思いを馳せるのも一興である。

JR東海道線の安土駅を下り、線路沿いに三百メートルほど南西へ歩くと慈恩寺浄厳《じおんじじょうごん》院《いん》がある。今日ではそれほど注目されることはないが、この寺では天正七（一五七九）年に浄土宗と日蓮宗（法華宗）の宗論《しゅうろん》がおこなわれた。

結果は浄土宗が完勝したと伝えられるが、これは信長が仕組んだ罠だったのである。

浄土宗VS日蓮宗

信長側に立った『信長公記』などの記録によれば、事件は次のようなものだった。五月中旬、浄土宗の僧玉念《ぎょくねん》が安土城下で説法をしていたところ、建部紹智《しょうち》と大脇伝介という日蓮宗の信徒が難癖をつけた。すると玉念は、お前らでは相手にならない、帰依《きえ》している僧をつれて来いと言った。

そこで二人は京都から日珖《にちこう》上人や日淵《にちえん》上人らを呼び、玉念らと宗論をおこなうことになった。

これを聞いた信長は宗論をやめるように求めたが、日蓮宗の僧たちは頑として拒否した。そこで信長は堀久太郎ら側近三人を奉行にし、五月二十七日に浄厳院で両者を対決させた。

その結果浄土宗が勝ち、日蓮宗の上人たちは袈裟《けさ》をはぎ取られたり、集まった群衆から殴打されるなど、さんざんな辱《はずかし》めを受けた。

信長は日蓮宗の態度が不届きだとして、宗論の原因となった建部と大脇、それに妙国寺の僧普伝《ふでん》を打ち首にした。しかも日蓮宗側に宗論の負けを認め、今後他宗を批判したり宗論を仕掛けたりしないという証文を出させた。

一方、浄土宗の僧たちの手柄を賞し、参加した者たちに褒美の金子《きんす》を与えた。信長は日蓮宗の僧たちが傲慢《ごうまん》なのを憎んで、こうした厳しい処罰をした、というのである。

罠にはまった日珖、日淵たち

ところが日蓮宗側の当事者だった日淵が残した『安土問答実録』によれば、真相はかなりちがう。

日蓮宗の上人たちが京都から安土に行ったのは、信長から宗旨について聞きたいことがあると呼び出しを受けたからだった。

そこで日珖ら七、八人と相談し、ともかく遅れてはなるまいということで、とるものもとりあえず安土に向かった。

出発は五月二十五日の午前十時。着いたのは夜の十時頃だった。この日は車軸を流すような大雨だったという。

翌日の正午頃、奉行衆三人が来て、「明日二十七日に浄土宗と宗論をするようにとのご下命である。ついては、もし問答に負けたなら京都ならびにご分国（信長領の国々）の寺を破却《はきやく》しても構わないという誓紙を出せ。それが嫌なら、このまま京都に帰るがよい」と申し入れた。

もし京都に帰ったなら、尻尾を巻いて逃げ帰ったと評されるのは明らかである。そこで日淵らは、自分たちは信長の命令でやって来たので、宗論をするかどうかについても御意のままにしたいと答えた。

自分たちから望んだものではないことを明確にし、寺を破却するという誓約はできないと断ったのである。

しばらく厳しい交渉をくり返した末に、誓紙は出さないが、明日午前八時から宗論をする、ということで合意した。

翌日、日淵ら四人、浄土宗側も玉念ら四人が出て、浄厳院の仏殿で対面した。勝ち負けを判定する判者は、南禅寺の景秀長老《けいしゅう》（八十四歳）と因果居士《いんがこじ》（六十五歳）がつとめた。

宗論は日蓮宗側が終始優勢だった。日珖らの鋭い問いに、玉念らが返答に詰まる場面がしばしばだったが、信長の意を受けた因果居士は、玉念らの失策には目をつぶり、日珖らが勝ちそうになると横から口をはさんで玉念らを助けた。

宗論の次第を記した『因果居士記録』にも、玉念らの答えはきわめて悪かったが、〈上様ヨリ御内証《ないしょう》アル依《よっ》テ、批判セサル也〉と明記されている。

それでも日珖らは優位に立って浄土宗側を追い詰めたが、返答に窮した玉念はいきなり立ち上がり、「勝った、勝った」と叫んだ。すると見物していた者たちがどっと鬨《とき》の声をあげ、日珖たちの五条袈裟をはぎとった。

日淵も玉念の袈裟をとろうとしたが、大勢の下人らが日淵を胴上げでもするようにかかえ上げ、浄土宗側の見物人がいるところに投げ捨てた。そのために日淵は彼らに棒で打たれ、顔から出血するほどの怪我をした。

その後日淵らは信長の前に引きすえられ、わび証文を書くように迫られた。大脇伝介や妙国寺の普伝が、仏殿の外で首を打ち落とされている中での強迫である。しかもこれを拒めば、見物に来て捕らえられた数百人の日蓮宗信徒を皆殺しにするという。

日淵らはやむなく言いなりになり、宗論の負けを認めて今後他宗を批判しないという証文を書いた。

その中に次の文言がある。

〈なおもし今より以後、不届きの儀申し出るにおいては、この一行の旨をもって、当宗ことごとく御成敗なさるべく候。その時毛頭御恨み申し上ぐべからず候〉

信長は宗論を仕組んで上人たちを罠に落とし、日蓮宗に対して生殺与奪の権をにぎったのだった。

富士山麓にある信長の首塚

毎年十一月に、富士宮市西山にある西山本門寺《にしやまほんもんじ》で「信長公黄葉《こうよう》まつり」が開かれている。

この寺の境内には信長の首塚があり、首塚の上には樹齢四百年をこえる柊《ひいらぎ》の大木が植えられている。

十九年前にこのことを『歴史街道』（ＰＨＰ研究所）に連載中のエッセイで紹介したところ、地元の旧芝川町《しばかわちょう》の商工会の方から連絡があった。

「首塚の縁にちなんで信長公を供養する祭りをおこない、町の活性化につなげたい」というものである。

地元の方々の強い熱意でこの計画はとんとん拍子に進み、平成十二（二〇〇〇）年に第一回の祭りが開催された。私が首塚の由来について講演をし、講談師の神田すみれさんが首塚にちなんだ新作を披露された。

第一回は二百人ばかりのこぢんまりしたものだったが、信長公のご加護のせいか祭りは年々盛大になり、多い時には二万人をこえる人々に参加していただけるようになった。内容も武者行列や剣道の野試合、出陣太鼓や火縄銃演武、それにグルメ屋台の出店など盛りだくさんである。境内の大銀杏の黄葉と冠雪した富士山のコントラストが見事で、祭りを華やかに盛り上げてくれる。

そこに信長の首塚というミステリアスな歴史ロマンも加わって、祭りに参加するのを年中行事にしているリピーターも増えつづけている。

「しかし、本当に首塚なの？」

そんな疑問を持たれる方も多いと思うので、由来についてあらましを紹介したい。

本能寺の変の真相

信長の首を西山本門寺に運ぶように命じたのは、囲碁の名手であった本因坊算砂《ほんいんぼうさんさ》だった。

本能寺の変の前夜、信長の御前で鹿塩利賢《かしおとしかた》と対局した算砂は、そのまま寺に泊まり、翌朝の明智勢の襲撃に巻き込まれた。

すでに信長が自決したと知った算砂は、信長の首を西山本門寺に運び、敵の手に渡らないように秘匿せよと、従者の原志摩守宗安《はらしまのかみむねやす》に命じた。

算砂は法名を日海《にっかい》といい、西山本門寺との縁が深かった。そこで境内に信長の首塚をきずいた後は、この寺に本因坊という名の塔頭《たっちゅう》を建てて終《つい》のすみかにした。

しかも志摩守宗安の子日順《にちじゅん》を弟子にし、寺の第十八代貫主《かんじゅ》にするという熱の入れようである。

この日順が残した過去帳には、天正十（一五八二）年六月二日の項に「惣見院信長、明智の為に誅《ちゅう》さる」と記されている。

討たれるではなく誅さるとあるところに重大な意味がある。なぜなら誅さるとは、上位の者が罪ある者を殺す場合に用いる言葉だからだ。

この当時、信長より上位にあった者は、天皇か東宮（皇太子）しかいない。つまり光秀はそのどちらかに命じられて信長を討ったということである。

それに該当する人物は誠仁《さねひと》親王しかいない。正親町《おおぎまち》天皇の東宮だった誠仁は、信長に「将軍か関白か太政大臣、いずれの官にも任ずる」という書状を送って上洛させた張本人であり、光秀に誅殺《ちゅうさつ》を命じたのも彼だったと思われる。

日順は変の当事者であった算砂からこうしたいきさつを聞いていたために、確信を持って誅さると記したのである。

この日順上人に帰依していたのが、後水尾《ごみずのお》天皇と東福門院《とうふくもんいん》（秀忠の娘和子《まさこ》）との間に生まれた常子《つねこ》内親王だった。

常子は関白近衛《このえ》基熙《もとひろ》の妻になるが、その頃の朝廷は後西《ごさい》天皇の反幕府的な行動が原因となって災難つづきだった。

そうしたさなかの延宝六（一六七八）年十一月、常子は霊元《れいげん》天皇の勅宣《ちょくせん》を得て両親の位牌を西山本門寺に納めた。このため寺は天皇家の位牌所となり、後に十万石の格式と呼ばれるほどの厚遇を朝廷と幕府の双方から受けるようになる。

信長公の功績を広める

しかしなぜ、常子はこんなことをしたのか？

その謎を解く鍵は、信長の首塚と誅さるの文字にある。日順上人に帰依していた常子は、本能寺の変の真相をつぶさに聞かされていた。そして朝廷に災難がつづくのは、誠仁親王に討たれた信長の祟《たた》りだと教えられたのだろう。

後水尾天皇は誠仁の孫なのだから、これは常子にとっても他人事《ひとごと》ではない。しかし信長の供養をしたいと望んでも、真相を公《おおやけ》にすることは絶対にできなかった。

そこで両親の位牌を安置することによって寺格を上げ、あわせて信長も供養できるようにしたものと思われる。

平成二十三（二〇一一）年の晩秋、祭りを支援している「信長公奉賛会」のメンバー三十五人が、近江八幡市長を表敬訪問し、今後ますます親睦を深め、信長公の功績と志が広く世の中に知られるように活動していこうと申し合わせた。

会には織田信雄の子孫であられる信和氏にも相談役として加わっていただき、やがては西山本門寺の首塚が歴史的にも正しいと証明されるようにしたいと語り合った。

西山本門寺にある信長公首塚

その後一行は安土城を訪ね、信長の廟《びょう》や織田信雄家四代の墓、惣見寺歴代住職の墓などに参拝し、ご冥福とご加護を祈った。

十九年前のささいな一文がこうした御縁を結び、「信長公黄葉まつり」という盛大な祭りにつながっている。

祭り好きだった泉下《せんか》の信長も、公に供養したいと願っていた常子内親王も、さぞ喜んでくれるのではないだろうか。

浅井長政と運命の三姉妹

ＮＨＫ大河ドラマ『江〜姫たちの戦国〜』は、浅井長政と信長の妹お市の方との間に生まれた三姉妹、茶々、初《はつ》、江《ごう》を中心に、戦国末期から江戸初期にかけての歴史を描いたものである。

茶々は秀吉の側室となって秀頼を産み、大坂夏の陣で豊臣家とともに滅亡する。初は浅井家の主家筋である京極高次《きようごくたかつぐ》の妻となり、若狭の大名家としての基礎をきずく。三女の江は二度の結婚の後に徳川秀忠の妻になり、三代将軍家光と、後水尾天皇の后《きさき》になった和子を産んだ。

近江の長浜市は、この三姉妹のドラマを観光誘致につなげようと町をあげて取り組んでいる。

近くには石田三成、片桐且元《かつもと》、増田《ました》長盛《ながもり》らの出生地があり、豊臣家を支えた有能な人材が北近江から輩出したことに改めて気付かされる。

彼らの多くが、元は浅井家に仕えた家柄だったのである。

琵琶湖を押さえた近江浅井三代の栄華

浅井家は北近江の守護京極家の重臣だった。ところが長政の祖父亮政《すけまさ》の頃に、主君と重臣たちの対立がおこり、亮政は重臣代表となって京極家の実権をにぎった。

亮政が他の重臣たちを押しのけ、主君さえもしのぐことができたのは、越前の朝倉家と同盟し、敦賀湾と琵琶湖をむすぶ流通ルートを支配して巨利を得たからである。

琵琶湖は日本海と太平洋（伊勢湾）、瀬戸内海（大坂湾）をむすぶ流通の結節点で、近くには京都や大坂などの大消費地がひかえている。

それゆえ琵琶湖を押さえて関税（関銭）や港湾利用税（津料）を徴収すれば、莫大な利益を得ることができた。亮政は朝倉家と組むことで日本海から湖北にかけてのルートを押さえ、いちやく戦国大名へのし上がった。

彼がその財力にものを言わせてきずいた小谷《おだに》城の曲輪《くるわ》の名前からも、そうした事情がはっきりとうかがえる。

大手道をのぼると最初に金吾丸《きんごまる》があるが、これは亮政を支援するために出陣してきた朝倉教景《のりかげ》（金吾宗滴《そうてき》）が布陣したことに由来している。

本丸の北側のもっとも広い曲輪は京極丸と呼ばれているが、亮政はここに主君京極高延の屋敷をきずいて監視下においたのだった。

長政は亮政の子久政を父として、天文十四（一五四五）年に生まれた。

この頃、久政は朝倉家とは距離をおき、南近江の六角義賢《よしかた》（承禎）に従属していた。京極家と六角家は佐々木家から分家した間柄なので、両家力を合わせて近江を支配していく体制をとったものと思われる。

いわば保守路線だが、そうなれば京極家の発言力が強くなり、亮政を支持していた重臣たちの不満は高まっていく。そこで重臣たちは十五歳だった長政をかつぎ、久政を隠居させて六角家との関係を断ち切った。

激怒した六角義賢は翌年の永禄三（一五六〇）年八月に北近江を攻めるが、長政は野《の》良田《らだ》（彦根市野良田）の戦いでこれを打ち破り、北近江の盟主としての地位を確立した。

この年五月に信長は桶狭間の戦いで今川義元を打ち破り、八月には本格的に美濃への侵攻を開始している。直接連絡を取り合うことはなかったようだが、互いのことは噂に聞いて意識しあったことだろう。

七年後、二十三歳になった長政は信長に初めて音信し、翌永禄十一（一五六八）年の春にお市の方を妻として小谷城に迎えた。信長はそれからわずか半年後に足利義昭を奉じて上洛をはたし、十五代将軍に擁立するのである。

徳川の妻・江が育まれた風土

これで長政の地位は盤石《ばんじやく》になったが、平和はわずか三年しかつづかなかった。元亀元（一五七〇）年四月、長政は朝倉義景を討伐するために越前に兵を進めた信長を討つために兵を挙げたのである。

長政がなぜこんな行動をとったかについて明記した書状はないが、祖父亮政以来恩義がある朝倉家を裏切れなかったことと、このままでは敦賀から琵琶湖にかけての流通ルートを信長に奪われるという不安があったことが、主な原因だろう。

それに石山本願寺に潜伏して信長包囲網をきずきつつあった、前関白の近衛前久《このえさきひさ》からの働きかけもあったのではないかと思われる。

前久はこの年八月に薩摩の島津貴久にあてた書状に、〈しかれば江州南北、越州、四国衆ことごとく一味せしめ候て、近日拙身も出張せしめ候〉と記しているが、こうした工作は長政が反信長の兵を挙げた頃からおこなっていたからである。

十年前に野良田の戦いで六角義賢を打ち破り、戦国大名への道を歩み始めた長政も、土壇場になって前久を中心とする保守派に加担し、滅亡への道をたどることになったのである。

一月下旬に長浜をたずねた。

十日ほど前に大雪がふったために、道路の脇や空き地には消え残った雪がうずたかく積み上げられ、町はしんしんと冷え込んでいた。

近江とは言うものの、ここは北陸性の気候なのである。

こんな寒い冬を、浅井長政らは尾根の上の小谷城にこもって三年も耐え抜いたのである。まわりを信長の軍勢に取り巻かれていたのだから、食料ばかりか薪《たきぎ》や炭の調達もままならなかったはずで、夜はひしと体を寄せる以外に暖をとる方法はなかっただろう。

そうした状況下で生を受けた江姫が、戦国乱世を生き抜き、徳川秀忠の妻になって平和な時代の礎《いしずえ》をきずいていく。

大河ドラマ『江〜姫たちの戦国〜』は、そうした生き方がどうして可能だったかを、女性の立場から描こうとした意欲作だったのである。

すさまじき男の青春

織田信長の身長はどれくらいだったろう。

徳川家康が百五十八センチだったことは、岡崎市の大樹寺にある等身大の位牌によって分っているが、それより高かったのか低かったのか。肖像画や木像のすらりとした体形を見るときゃしゃな感じがするが、若い頃の信長は自ら槍をふるって敵の大将を討ち取ったり、重臣たちと相撲をとって投げ飛ばしたりしているので、体力的には恵まれていたはずである。

おそらく百六十五センチくらいのすらりとした体形で、大リーグで活躍しているイチローのように柔軟な強い筋肉の持ち主だったのではないだろうか。

今日では決して大柄とは言えないが、信長は四十九年間の生涯で、誰にも真似のできない偉業を次々となしとげていった。

十九歳で織田家の家督をつぎ、二十一歳の時には自ら鉄砲を駆使して今川方の村木城を攻め落としている。斎藤道三が「すさまじき男、隣にはいやなる人にて候よ」と語ったのは、この時のことである。

二十七歳で今川義元を桶狭間で討ち取り、三十四歳で斎藤氏を追放して美濃を攻略。翌年の上洛への足がかりを固めた。

それ以降、本能寺の変で斃《たお》れるまでの十五年間、日本の中心部をほぼ手中にし、天下統一まであと一歩のところまで迫った。

彼がとった楽市楽座や関所の撤廃などの政策は、商業や流通を活性化させ、後に安土桃山文化に結実したような空前の繁栄をもたらした。

いったいなぜ信長はこれほど鮮やかな生き方ができたのか。その謎を解く鍵は、彼が青春時代をすごした津島港にあった。

織田家の財源となった津島港

津島は木曽川の支流である佐屋《さや》川（天王川）の東岸にひらけた港である。

今では周囲が埋め立てられているために内陸部にある印象を受けるが、信長の頃には伊勢湾からさほどはなれていなかった。東国の荷をつんで来た船は川をさかのぼって津島港に入り、木曽川の水運によって運ばれた材木や瀬戸物などを仕入れて帰国の途についた。

いわば伊勢湾海運と濃尾《のうび》三川《さんせん》（木曽、長良、揖斐《いび》）の結節点であり、その販路は太平洋海運で東国につながっていたばかりか、中山道によって琵琶湖へ、そして日本海へと広がっていった。そのために津島には多くの物と人と情報が集まり、伊勢湾屈指の港として繁栄をほこっていたのである。

信長はこの港にほどちかい勝幡《しょばた》城で生まれた。父信秀は二十三歳。尾張下四郡の守護代家の三奉行の一人にすぎなかったが、津島港を支配することで莫大な収入を上げ、守護代をしのぐほどの実力を持っていた。

翌年信秀は今川義元の弟氏豊を那古野城から追い出し、東尾張と熱田港の支配権を奪い返した。そうして伊勢湾海運をほぼ完全に掌握してさらなる利益を手にするが、これ以後今川家との泥沼の戦争へと足を踏み入れる結果を招いたのである。

この年、信長も那古野城に移り、九歳の頃に城を与えられた。信秀が今川との戦にそなえて古渡《ふるわたり》城に移ったためで、信長は平手政秀や林秀貞らに補佐されて城主としての役目をはたした。

これ以降は織田家の御曹子として順調な成長をとげたようで、『信長公記』にも「信長十六、七、八までは別の御遊びは御座なく、馬を朝夕御稽古、又、三月より九月までは川に入り、水練の御達者なり」と記されている。

大うつけ、雌伏して時を待つ

ところが十八歳になった頃、大うつけと呼ばれる不良少年になった。

その原因は父信秀が病《やまい》（脳溢血と思われる）に倒れ、織田家の実権が末森城にいる母土田御前や弟信勝（信行）ににぎられたことだ。

だがこのことを知らされていない信長は、父が次々と自分に不利益な決定を下すことに不満をつのらせ、家を出て反抗と放浪の数年をすごすことになった。

そう考えるのは、天文十九（一五五〇）年十二月に信長が安堵《あんど》した笠寺の別当職《べっとうしき》を、翌年九月には信勝が安堵しなおしている文書が残されているからだ。これは、信長が家督を放棄したためにとられた措置だと思うのである。

家出した信長は故郷の津島にもどり、織田家に頼らない独自の道を歩み始めた。家臣の次男や三男、港で働く水夫《かこ》や荷役《にやく》、腕の立つ牢人《ろうにん》などを集めて独自の軍勢を編成し、津島港の用心棒をつとめることで生計を立てた。

巷間に伝えられる不良少年ぶりを発揮したのはこの頃のことだろうが、その間にも信長は手下を集めて軍事訓練をしたり、商業や流通、諸国の事情などについて知見を広め、後日の飛躍を期していた。

そして父信秀が天文二十一（一五五二）年に他界すると、信長は津島から葬儀場にかけつけて位牌に抹香を投げつけた。その翌年には、土田御前らが今川家に引き渡していた熱田港の支配権を自分の手勢だけで奪い返し、再び今川家との戦争に突入したのである。

平成二十一（二〇〇九）年の七月、津島神社の天王祭りを見に行った。五百年以上の歴史を持つ由緒ある祭りで、以前は六月十四日に宵祭り、翌日に朝祭りがおこなわれていたが、今は七月の第四土、日に変更されている。

宵祭りには四百個ちかくの提灯でかざった巻藁船《まきわらぶね》が五艘も出て、闇の中を津島神社にむかってゆっくりと進んでいく。光の塔となった船体が水面に映り、笛の音にはやされながら進む姿は妖しく幻想的である。

朝祭りでは巻藁船は車楽船《だんじり》に早変わりし、大屋台と小屋台にシテ、ワキの二体の能人形をかざり、笛や鼓で曲をかなでながらにぎやかに登場する。

津島の財力の大きさを物語るこの祭りを、信長も見たはずである。後に安土城を提灯でかざり立てて宣教師たちを驚かせるが、信長の脳裡には天王祭りで見た美しい光景が鮮やかに焼きついていたにちがいない。

信長以前の信長・三好長慶

戦国時代といえば信長、秀吉、家康に注目が集まることが多い。

畿内の争乱についても、永禄十一（一五六八）年に信長が足利義昭を奉じて上洛した以後のことはよく知られているが、それ以前のことは薄闇におおわれたままである。

しかし信長が上洛する七十年ちかく前から、畿内は戦乱の巷《ちまた》と化していた。原因は管《かん》領《れい》として幕府を牛耳っていた細川家の内紛である。

細川家は応仁の乱の後に、将軍にかわって幕政をになうほど強大になっていた。力の源泉は摂津、和泉、淡路、阿波、讃岐を領国とし、瀬戸内海の海運や淀川の水運を掌握して莫大な収入を得ていたことにある。

ところが幕政に関与するようになるにつれて領国経営がおろそかになり、現地の守護代に任せっ放しにするようになった。

その命を受けて徐々に力をたくわえたのが三好家である。すでに長慶《ながよし》の曽祖父之長《ゆきなが》の頃には、阿波や淡路の軍勢をひきいて上洛し、細川家の内紛を取り仕切るほどの実力を示した。

ところが管領家の被官人《ひかんにん》だという身分の壁にはばまれ、内紛の泥沼の中で之長、長秀《ながひで》、元長《もとなが》の三代にわたって自害に追い込まれる悲劇にみまわれた。

この状況を脱し、戦国初の天下人として名乗りをあげたのが、元長の嫡男長慶だった。

幕府中枢での下克上

長慶の人生は苦難から始まった。十一歳の時、父元長が細川晴元《はるもと》に裏切られて堺で敗死したのである。

元長は堺幕府と呼ばれるほど安定した政権をきずいていたが、これを憎んだ晴元は一向一揆を身方《みかた》につけて元長をつぶした。

これで晴元は再び政権の座に返り咲いたが、一向一揆は晴元や幕府勢に向かって牙をむくようになった。鎮圧《ちんあつ》に手を焼いていた晴元は、十二歳の長慶を仲介者として本願寺と和議を結んだ。

長年摂津や和泉に勢力を扶植《ふしょく》してきた三好家の力は、それほど大きかったのである。

やがて長慶は父の仇である晴元と和睦《わぼく》し、摂津西半国の守護代に任じられて越水城《こしみず》(兵庫県西宮市)を居城とした。

そうして晴元政権を支えながら、三人の弟を要所に配して領国経営の実権をにぎっていった。

堺を治める義賢《よしかた》、安宅《あたぎ》家の養子になって淡路を治める冬康《ふゆやす》、十河《そごう》家の養子になって讃岐を治める一存《かずまさ》。いずれも文武に秀でた弟たちで、長慶のもとに固く結束していた。

異変がおこったのは天文十五(一五四六)年。長慶二十五歳の秋だった。晴元を父の仇と狙う細川氏綱《うじつな》が、晴元打倒をめざして兵を挙げたのである。

これに河内、大和、紀伊に勢力を張る遊佐長教《ゆさながのり》が同調したばかりか、晴元に幕府の実権を奪われていた将軍義晴《よしはる》までが氏綱支持を表明した。

窮地におちいった晴元はいったん丹波に逃れ、猪名川《いな》ぞいに摂津に出て長慶を頼った。

長慶は三人の弟に廻状《かいじょう》を回して戦の仕度にあたらせ、翌年七月に舎利寺《しゃりじ》(大阪市生野区）の戦いで氏綱、長教らの軍勢を打ち破った。

これで晴元政権は安定するかに見えたが、長慶に衆望が集まることを恐れた晴元は、三好政長《まさなが》を重用して三好一門の分断をはかった。

これを知った長慶は激怒した。かつて父元長は晴元に裏切られ、だまし討ちにあっている。このままでは自分も同じ運命をたどることになると、晴元を打倒する決意を固めた。

幕府中枢での下克上である。

長慶はまず氏綱方の遊佐長教と和睦し、長教の娘を妻にすることで結束を固めた。次に晴元に、三好政長を政権の要職からはずすように求めた。

晴元はこれに応じるどころか、長慶と同盟していた池田城主の池田信正を、氏綱に内通したという理由で切腹させた。そこで長慶は池田家の家臣に手を回し、晴元派の家臣を城内から追放した。これが宣戦布告となり、両者の戦いはさけられなくなった。

戦は翌天文十八（一五四九）年一月から始まった。

晴元に命じられた三好政長が、池田城を奪回するために出陣してきた。これには近江の六角定頼《ろっかくさだより》が身方していて、長慶らの討伐に乗り出す構えをとっていた。

長慶独自の政権を打ち立てる

長慶は敵方の情報を収集した上で堺に急行し、遊佐長教と今後の作戦を打ち合わせた。三人の弟に戦仕度にかかるように命じたのは言うまでもない。

手配を終えた長慶は、二月二十六日に越水城の軍勢を尼崎に移動させた。ここに安宅冬康と十河一存が船団をひきいて結集した。

河内一国の軍勢をひきいた遊佐長教も、淀川東岸の十七カ所に布陣して、晴元方の中島城をはさみ討ちする構えをとった。中島城の城兵はかなわぬと見て脱出したので、長慶はがら空きとなった城をやすやすと占拠した。

急報を受けた政長は淀川上流の柴島城《くにじま》（大阪市東淀川区）に入り、対岸の榎並城《えなみ》（城東区）にいる嫡男政勝《まさかつ》と連携して防戦しようとした。これを知った長慶は柴島城を急襲し、政長を榎並城に追い込んだ。このため政長父子は敵中に孤立し、細川晴元、六角定頼の援軍を待つしかなくなったのである。

晴元は四月二十八日に救援に出てきた。丹波から猪名川ぞいを下り、池田、越水城下を焼き払った後、五月二十八日に三宅城（茨木市）に入った。

ところが肝心の六角定頼がなかなか出陣して来ない。焦《じ》れた三好政長は榎並城を出て、淀川と神崎川の分流地点である江口の里に布陣した。自ら死地に飛び込むことで六角勢の来援をうながしたのだが、定頼は京都に兵を留めたまままついに動かなかった。

決戦は六月二十四日。長慶らは江口の里を攻めて政長らを討ち取り、細川晴元や将軍義藤《よしふじ》（義輝《よしてる》）、前将軍義晴らを近江に敗走させた。

翌月、五万余の軍勢をひきいて上洛した長慶は、将軍や管領に頼らぬ独自の政権を打ち立てたのだった。

第二章

天下泰平は、夢のまた夢

日吉丸から豊臣秀吉へ

出世魚のように活《い》きのいい男である。

幼名は日吉丸。母が懐妊した時に日輪が体内に入る夢を見たのでつけた名前だという。父を早く亡くし、継父との折り合いが悪かったので、少年の頃に家を飛び出して諸国を放浪した。

今川家の家臣だった松下何某《なにがし》につかえたが長続きせず、尾張の織田信長に目をかけられた頃からめきめきと頭角を現わした。初め木下藤吉郎と名乗っていたが、小谷城攻めの働きが認められて北近江を拝領した頃から、羽柴筑前守秀吉と称した。

信長の家臣だった丹羽長秀と柴田勝家から一字ずつをもらい受けた名字である。北近江の今浜を長浜と改名したのも信長の一字を拝してのことだから、この男の気遣いぶりは徹底している。

やがて本能寺の変がおこると、秀吉は中国大返しと呼ばれる奇跡の作戦を成功させ、山崎の戦いで明智光秀を打ち破った。その後、丹羽長秀らを身方にして柴田勝家を亡ぼし、天下人となって豊臣の姓を天皇からたまわった。

これほど鮮やかな出世をとげた男は、二千年におよぶ日本の史上にも他に例がない。彼のどんな資質がこんな生き方を可能にしたのか、二十八歳から三十歳までの生き様を追うことでその謎に迫ってみたい。

人たらしの名人、藤吉郎

信長は永禄六（一五六三）年に小牧山城に拠点を移した。犬山城で叛旗《はんき》をひるがえした織田信清と、背後で支援している斎藤龍興《たつおき》を叩くためである。中でも木曽川の対岸にある伊木《いき》城、宇留摩《うるま》（鵜沼）城、猿啄《さるばみ》城を攻略することが緊急の課題だった。

そこで信長は木下藤吉郎と丹羽長秀にこの方面の攻略と調略を命じた。藤吉郎は数え年で二十八歳。蜂須賀小六や前野将右衛門らを寄騎《よりき》とし、一千ばかりの軍勢を動かせるほどの武将に取り立てられていた。

藤吉郎の取り柄は人から好かれることである。幼い頃から苦労しているので人の痛みがよく分るし、話し上手、聞き上手で人の気をそらさない。後に「人たらしの名人」と呼ばれた力量を、この時にも存分に発揮した。

まず木曽川に船橋をかけて対岸の伊木城、宇留摩城に攻めかかれる態勢を築いた上で、伊木城主の伊木清兵衛に会って、身方になるよう説得した。このままでは勝ち目はないと思っていた清兵衛は、命と所領を保証するという藤吉郎の約束を信じて城を明け渡した。

藤吉郎は伊木城を大改修して信長の本陣にふさわしい城に作り変えると、宇留摩城の大沢次郎左衛門の調略にかかった。

宇留摩城は木曽川の北岸に屹立した高さ五十メートルほどの岩山の上にある。伊木城を拠点として攻められたならとても守りきれないと観念した次郎左衛門は、藤吉郎の説得に応じて開城した。

ところが信長は、次郎左衛門を許さなかった。織田信清をそそのかして謀叛《むほん》をおこさせた張本人ゆえ、腹を切らせて首を持って来いと命じたのである。

助命を約束していた藤吉郎は、一転して窮地におちいったが、信長から処罰を受けることを覚悟で次郎左衛門を城から脱出させた。

ここで信用を失えば、この先の調略がうまくいかないと考えたからだが、信長には討ちに行った時には逃げていたと言ってひたすらわびた。謝る時にも人たらしの技は生きるようで、信長は激怒しながらもそれ以上責任を追及しようとしなかった。

この噂はまたたく間に広がり、藤吉郎の信用はゆるぎないものになった。去就に迷っていた美濃の小領主たちは、藤吉郎を頼って信長に帰順しようとひそかに使者を送ってくるようになった。

大出世の端緒となった美濃攻略

松倉城（岐阜県各務原市）の坪内為定《つぼうちためさだ》もその一人である。知らせを受けた信長は大いに喜び、松倉城を拠点として一気に加納を攻略しようとした。ところが急な雨で増水した木曽川に退路を断たれ、千五百人ちかい死者を出す大敗北をきっしたのだった。

永禄九（一五六六）年、藤吉郎は国境の要地である墨俣に砦をきずき、この方面からの美濃攻略を可能にした。木曽川の上流から柵や塀にするための材木を流し、墨俣に運びあげてわずか数日できずき上げたもので、一夜城の名で知られている。

この城を目の当たりにした西美濃衆は大いに動揺し、屈強をもって知られた稲葉一鉄も、藤吉郎に帰順したいと申し入れてきた。

この時に仲介の労をとったのは、宇留摩城で命を助けた大沢次郎左衛門だった。次郎左衛門は藤吉郎の恩義にむくいるために、親戚にあたる一鉄を懸命に説得したのである。

信長の青春時代に材をとった小説を書いていた頃、レンタカーで墨俣城と宇留摩城をたずねた。

かつて木曽川と長良川は墨俣で合流し、洲が股のようにいくつにも分れていた。その地名の由来を思わせる水路の間に、一夜城の地であることを示す近代的な城が建っていた。

そこから木曽川沿いに四十分ほど走り、犬山橋のほとりの宇留摩城についた。

川の北岸というより、川の中ほどに立っているように見える岩山である。この上に立てこもられたら攻略するのは難しいだろうが、狭い城中には兵糧をたくわえる場所がないので、長期戦に耐えるのは無理である。

かつては観光地だったらしいが、今は岩山が崩れるおそれがあるので立ち入りを禁じてある。木がうっそうと生い茂る巨岩をながめていると、命をかけて約束をはたした若き日の藤吉郎の姿が目に浮かぶようだった。

この勇気ある行動が信長の美濃攻略を大きく加速させ、藤吉郎のさらなる出世を約束したのである。

秀吉さえ恐れた黒田官兵衛の才覚

黒田官兵衛は秀吉を天下人に押し上げた名軍師として知られている。知略縦横《ちりゃくじゅうおう》にして、時代の先を見通すたしかな眼力をそなえていた。

その力量を秀吉さえ恐れていたことを伝える次のような逸話がある。

天下人となった秀吉は、ある日近習たちに自分が死んだ後には誰が天下をとると思うかとたずねた。皆が徳川や毛利、前田などの名をあげたが、秀吉は笑って取り合わず、官兵衛こそその男だと言った。

「二日も三日も熟慮《じゅくりょ》した末にどう思うかと相談すると、官兵衛はたちどころに答えたものだ。そのほとんどがわしが考え抜いた策と同じで、時にはそれよりすぐれた答えを出すこともあった。あいつがその気になったなら、わしが生きているうちにでも天下を取れるだろうよ」

これを伝え聞いた官兵衛は、急いで隠居、出家して如水と名乗り、そのような野心は毛頭ないことを示したという。

こうしたエピソードにはこと欠かない男だが、中でも出色なのは織田信長に叛《はん》した荒木村重《あらきむらしげ》を説得するために有岡城（伊丹城）に出向き、一年間の幽閉の後に救出された事件である。

一年間の幽閉に耐え抜く

官兵衛は播磨の御着《ごちゃく》城主である小寺政職《こでらまさもと》に仕えていた。若くして家老に抜擢《ばってき》され、政職の養女を妻にするほど重用されていた。

信長の天下統一が進んでいた天正元（一五七三）年、官兵衛は織田家と好《よし》みを通じるべきだと主張し、自ら岐阜城まで出向いて交渉をまとめた。家中には毛利家につくべきだという意見も多かったが、官兵衛はいち早く信長の力量を見抜いていたのである。

天正三（一五七五）年十月、官兵衛は嫡男松寿丸（後の長政）を織田家に人質としてさし出し、信長と小寺政職との対面を実現して両家の関係を強化することに成功した。

天正五（一五七七）年十月に秀吉が一万余の軍勢をひきいて播州に入ると、居城の姫路城を献上して臣下の礼をとった。そうして他の城主たちを調略によって身方につけ、わずか二か月ほどで播磨一国を秀吉の勢力下に組み込んだ。

ところが翌年の二月になって、三木城の別所長治が八上《やがみ》城の波多野秀治とともに反信長の兵を挙げ、十月には摂津の荒木村重までがこれに呼応した。そのために小寺政職も荒木や毛利に身方するべきだと考えるようになり、官兵衛は家中で孤立を深めていった。

重臣の中には、官兵衛を血祭りにあげて毛利方に身方する証とするべきだと主張する者もいる。官兵衛は日々命の危険にさらされる窮地に追い込まれたが、姫路城をあずかる父宗円（職隆《もとたか》）とともに粘り強く主君の説得をつづけた。

人望のある官兵衛を討てば、家中の分裂を招きかねない。それを恐れた小寺政職は、

「自分は荒木村重どのと一味同心の誓いをしているので、それを裏切るわけにはいかぬ。そちが織田につくべきだと思うなら、村重どのを説得してきてくれ」

そう言って有岡城につかわすことにした。

実はひそかに村重と連絡をとって官兵衛を捕らえるように頼み、この窮地を脱するに

は毛利方につくしかないと宗円を説得するつもりだったのである。

有岡城に出向いた官兵衛はまんまと罠に落ちた。そうして毛利方となるように村重から迫られたが、拒み抜いたために陽のささぬ地下牢に閉じ込められることになった。

一方、姫路城の宗円のもとにも小寺家から使者がつかわされ、官兵衛を助けるために毛利方につくべきだと説得がつづけられた。ところが宗円は、

「先に松寿丸を織田家に人質に出したのは、殿と私と官兵衛の三人が熟慮して決めたことだ。今度官兵衛が捕らわれたのは荒木の狼藉によるものである。狼藉によって捕らわれた官兵衛を助けるために、熟慮して人質にした松寿丸を犠牲にするわけにはいかない」

そう言って要求を拒み、小寺家と敵対する立場をとった。

竹中半兵衛の勇気と友情

それから一年後の天正七（一五七九）年十月、有岡城は織田勢に攻められて落城し、官兵衛は土牢から助け出された。湿気が多く狭い牢に一年も閉じ込められていたことが

災いし、疥癬《かいせん》のために瘡頭《かさあたま》になり、片方の膝は曲がらなくなっていた。

官兵衛の最大の気がかりは、自分が有岡城に入ったままでいることが信長への裏切りと見なされ、松寿丸が殺されたのではないかということだった。

現に信長は殺すように命じたが、官兵衛の盟友である竹中半兵衛が秀吉に直訴し、松寿丸を自分の城にかくまっていた。

官兵衛は盟友の勇気ある計らいに感謝して号泣したというが、その時にはすでに半兵衛は三木城攻めの陣中で病死していた。この時助けられた松寿丸が、後に関ヶ原の戦いで大活躍し、黒田五十二万石の初代藩主となるのである。

有岡城は猪名川の西側にきずかれた平城である。かつては城下町を総構《そうがま》えでおおった堅固《けんご》なそなえをしていたが、今はその面影はまったくない。JR伊丹駅の西口を出ると目の前に城跡公園があり、本丸の石垣がわずかに残っているばかりである。

これに比べて黒田官兵衛が生まれた姫路城は今や世界文化遺産に登録され、世界各国からの観光客でにぎわっている。

官兵衛が生まれた頃はもっと小規模で、秀吉の時代や池田輝政の頃に現在のような形にととのえられたのだが、城の位置はほとんど変わっていない。それだけ立地条件が良かったということである。

信長の後継者とも言われた木造具康

戦国時代には英雄、豪傑がキラ星のごとく現われ、さまざまな物語の主人公にされているが、歴史に名を残したのはほんのひと握りのスーパースターにすぎない。たとえば二十万石の大名は年収約二百億円の収入がある土地を管理しているのだから、今日の大企業と同じである。

大企業の下には多くの中小企業があるように、大名のもとにも中名、小名がいて、それぞれの持ち場をしっかりと守っていた。伊勢国木造《こつくり》城主の木造具康《ともやす》もその一人である。

木造氏は伊勢国司として名高い北畠氏の分家で、木造城（三重県津市）を拠点として雲出《くもず》川流域の一帯を支配していた。北畠氏の本領である南伊勢を、北方からの攻撃から守る役目をおっていたのである。

ところが具康の代になると、織田信長が大軍をひきいて南伊勢に侵攻してきた。この時具康は北畠氏にそむいて信長勢の案内役をつとめ、信長の次男信雄を北畠氏の養子にする条件で両者を和解させることに成功した。

この功によって三万石の所領は安堵され、信雄の重臣となって各地を転戦することになる。天正二（一五七四）年に信長が伊勢長島の一向一揆を攻めた時には信雄の侍大将として出陣しているので、重臣の筆頭格として遇されていたことが分る。

織田家においては新参者でありながらこうした扱いを受けたのは、具康自身の武将としての力量がすぐれていたことと、名門北畠氏の出身という血筋の良さを評価されてのことだろう。

本能寺の変で信長が斃れた後、信雄は尾張、伊勢、伊賀を与えられ、信長の後継者と目された時期もあった。ところが天下取りをめざす秀吉との対立を深め、ついに徳川家康の同盟をあおいで小牧・長久手の戦いに突入する。

この時、具康は信雄方となって秀吉軍と対峙するが、木造城では大軍を支えきれないと見て、西へ五キロほど離れた所にある戸木《へぎ》城に立てこもった。

そうして天正十二（一五八四）年四月から九月までの半年間、圧倒的に不利な状況の中で戸木城を守り抜いたのである。

戦を耐え抜いた小牧・長久手の戦い

猛暑がつづいていた九月の初め、三重大学の藤田達生氏の案内で木造城、戸木城をたずねた。

津市から南伊勢に向けて車で二十分ほど走ると、雲出川の北岸に木造城跡があった。あたりは一面の水田で、城跡といっても盛土《もりつち》をして立てた記念碑と、川に向かってきずいた土塁が残っているばかりである。

当時はまわりに堀と土塁をめぐらしていたというが、城下町を外構えで囲ったほどの規模しかない。具康がこの城では五、六万もの秀吉軍には対抗できないと考えたのは無理からぬことである。

主戦場となった戸木城は雲出川の上流にあり、川ぞいの低湿地を見下ろす高台に位置している。まわりとの差はわずか十二メートルばかりだが、それでも城壁としての機能は充分に発揮することができたのである。

興味深いのは、城を攻めた織田信包《のぶかね》（信長の弟）や蒲生氏郷《うじさと》らが強行策をとらず、城のまわりに砦をきずいて持久戦に持ち込んだことだ。兵糧、弾薬の補給路を断ち、相手が降伏するのをじっと待った。

「ただし、こちらが示した以上の条件を籠城《ろうじょう》側が要求してきたなら断固として拒否せよ。伊賀には手隙の軍勢がいるので、これを投入して容赦なく城を攻め落とすと伝えるがよい」

秀吉はそう命じ、硬軟両策を用いてゆさぶりをかけたが、木造具康らは屈することなく戦い抜いた。

秀吉も氏郷らにあてた書状の中で、具康が人質を出して降伏するなら所領はもとの通りに安堵すると伝えている。

藤田氏の案内で砦の跡を見て回ったが、どれも本格的な付城だった。中でも敏太《とした》神社の裏山にある宮山城は遺構がくっきりと残り、この当時の土木技術の高さをまざまざと実感することができた。

また戸木城の西側の河岸段丘からは、付城のまわりにめぐらされた幅八メートル、深さ三メートルの堀が百メートルにわたって発見された。

これは全国でも最大級の付城遺構だというが、残念なことに宅地開発のために埋めもどされ、今は跡形もなくなっている。

「このような遺構を残さなければ、歴史研究は先細りするばかりなんですけどね」

藤田氏がぽつりとつぶやいた言葉が印象的だった。

敵方も認める力量と人徳

天正十二（一五八四）年十一月、信雄は秀吉と和解し、木造具康も戸木城を明け渡して清洲城に移った。父祖伝来の地を失ったものの、北伊勢の田辺城を拝領し、信雄の重臣の地位を保ったのである。

天正十八（一五九〇）年に信雄が所領を没収されると、秀吉から岐阜城主となった織田秀信（信長の嫡孫）の後見役を命じられ、二万五千石を与えられた。

関ヶ原の合戦の際には西軍に身方し、福島正則や池田輝政らの軍勢を相手に奮戦したが、石田三成らの支援を得られないまま開城のやむなきにいたった。

並の男であればここで武将としての生命が終わるところである。ところが具康はこの後福島正則に二万石で召し抱えられ、安芸《あき》広島に移っている。

この頃の武将たちは、敵身方のちがいをこえて相手の力量を正当に評価する懐の深さを持っていて、名のある武辺者《ぶへんしや》が牢人していると聞けば三顧の礼をつくして家中に迎え入れた。

具康もそうさせるだけの力量と人徳をそなえていたわけだが、その評価の根底には戸木城で半年間もの籠城を戦い抜いた実績があったのである。

豊臣政権の要、豊臣秀長

出自は低く、家は貧しかった。だが、この男には人を惹《ひ》きつける優しさと、たぐいまれな政治の才能があった。

幼名を小一郎。後の大和大納言豊臣秀長《ひでなが》のことである。

生まれは尾張中村というから、今のJR名古屋駅の近くである。兄の藤吉郎秀吉は少年の頃に家を飛び出したから、秀長は父母や姉のともと百姓をしながら家を守りつづけた。

この頃に庶民の目から世の中を見つめつづけた経験が、秀長の考え方の根幹を形成し、領民をいつくしむ治世へとつながっていく。

二十三歳の頃、立身した秀吉にこわれて武士となった。それ以後二人三脚で出世の階段を駆けのぼっていき、天正十三（一五八五）年には大和、紀州、和泉あわせて百万石を領し、大和郡山城を居城とする大大名になった。時に秀長四十六歳である。

これは秀吉の出世の余慶《よけい》にあずかってのことだと思われがちだが、実情はかなりちがう。秀長がこまやかに気を配って家中の結束を固めたり諸大名との調整にあたったりしたからこそ、秀吉は外に向かって十二分に腕をふるえたのである。

仁と和で兄、秀吉を支える

秀長の基本姿勢は仁と和だった。

紀州攻めの時、秀吉は積善寺城や沢城に立てこもった敵を皆殺しにするように命じたが、秀長はこれをいさめて降伏した者を助命している。

また九州征伐の時には、島津義久、義弘兄弟の降伏を受け容れ、寛容《かんよう》な処置をとるよう秀吉に求めている。

秀長が秀吉政権の中でどれほど重要な役割をになっていたかは、九州征伐の直前に救援をこいに大坂城に出向いた大友宗麟《そうりん》の文に明確に記されている。

帰国しようとする宗麟を、美濃守秀長は次のように言って見送ったという。

〈手をとられ候て、何事も何事も、美濃守此の如《かく》く候間、心安かるべく候。内々の儀は宗易（利休）、公事《くじ》の儀は宰相（秀長）存じ候。御為《おんため》に悪しき事は、これ有るべからず候〉

秀長のこの言葉がよほど嬉しかったらしく、宗麟は秀長と利休をくれぐれも大事にしなければならぬと国許《くにもと》の重臣に書き送っている。

秀長が百万石の威信をかけてきずいた大和郡山城は、近鉄郡山駅の北に位置している。京都から電車に乗って南へ向かうと、右手に狭い堀や低い石垣、優雅な形をした東隅《ひがしすみ》櫓《やぐら》が見えてくる。

整備の状態もあまり良くないので、大和郡山城とはこの程度のものかと高をくくっていたが、数年前に城内をつぶさに歩いてみて規模の大きさに圧倒された。

駅から線路ぞいに引き返すと、鷺池につづく道がある。近年あまりにきれいに整備されすぎているが、ここが城の中堀で、対岸に坤《ひつじさる》櫓跡や砂子の間前櫓跡がある。

南御門跡から二の丸に入り、右に折れて中仕切り門跡を抜けると、左手に本丸の堀と高石垣がある。本丸は中央の深い堀で東西に二分され、中央にかけた極楽橋でむすばれていた。

西側には天守台が残っているが、長年放置されたままなので今にも崩れそうである。秀長は築城にあたって大和中から石仏を集めて石垣に転用したというが、この天守台にも地蔵がそのまま使われていて、石垣のすき間から顔をのぞかせている。

東側には巨大な虎口にした追手門があり、攻め寄せて来る敵を迎え討つかまえを取っている。

秀長がこの地に配されたのは、東から大坂城に攻め寄せる敵をくい止めるためで、いかにも実戦に即した作りとなっている。

縄張り（設計）を担当したのは、秀長の重臣で築城の名手といわれた藤堂高虎だった。

これまでこの城も世間から置き去りにされてきた観があるが、そのためにかえって強兵共《つわもの》が夢の跡というさびた風情がある。奈良をお訪ねになる際には、ぜひともお立ち寄りいただきたい。

大和郡山百万石は取りつぶし

天正十九（一五九一）年一月、秀長は病のために没した。

秀吉が朝鮮出兵に向けて着々と準備を進めていた頃だが、秀長は病をおして秀吉に対面し、出兵を断念するよう何度も説得した。

ところが秀吉はこれを聞き入れなかったばかりか、秀長の没後には千利休《せんのりきゅう》に切腹を命じて出兵反対派を一掃し、前後七年におよぶ不毛な出兵へと突き進んでいった。

秀長の跡をついだのは養子の秀保《ひでやす》だが、彼も若くして豊臣家の内紛に巻き込まれる運命をたどった。原因は関白秀次と淀殿《よどどの》が生んだ秀頼との相続争いである。

秀吉は長子の鶴松《つるまつ》が早逝した後、甥の秀次を養子として関白職をゆずった。ところがその後に秀頼が生まれたために、秀次を排除して秀頼に家をつがせようとした。

このために秀次の弟である秀保も邪魔者と見なされ、十七歳の若さで謀殺《ぼうさつ》としか思えない不審な死をとげた。

そのために大和郡山百万石は取りつぶされ、城には五奉行の一人である増田長盛が二十万石の大名として入ることになった。長盛は城のまわりに全長六キロにもおよぶ総構えをめぐらして守備を固めたが、関ヶ原の合戦で西軍に身方したために改易された。

現在、大和郡山市観光協会が中心となって、城の外堀にそった散歩コースを整備している。そのコースをたどると、城の南西に位置する大納言塚に行き当たる。秀長をまつった立派な墓で、秀保が改易された後も地元の人々によって守られてきた。

それは大和郡山市発展の基礎をきずいた秀長の手腕を城下の人々が高く評価し、深く感謝しているからに他ならない。

天下統一の翌年に起きた九戸政実の乱

小田原城の北条氏を征伐し、奥州平定をなしとげたことで、豊臣秀吉の天下統一は完成したと評されることが多い。

ところがその翌年、天正十九（一五九一）年六月二十日、秀吉は九戸《くのへ》城（岩手県二戸市）でおこった九戸政実《まさざね》の乱を平定するために、十五万もの大軍を動かした。

その命令書は次の通りである。

〈奥州奥郡《おくぐん》御仕置《おしおき》のため、御人数をつかわさる道行《みちゆき》の次第

一番　羽柴伊達侍従（伊達《だて》政宗《まさむね》）

二番　羽柴会津少将（蒲生氏郷）

三番　羽柴常陸侍従（佐竹義宣）

四番　宇都宮弥三郎（国綱）

五番　羽柴越後宰相中将（上杉景勝）
六番　江戸大納言（徳川家康）
七番　羽柴尾張中納言（羽柴秀次）〉

この書状には、家康と秀次は二本松の中通りを、義宣や国綱は相馬の浜通りを、景勝らは最上《もがみ》からの道を通って奥郡に向かうようにと、細かな指示がなされている。

その数十五万。関ヶ原の合戦の直前に、徳川家康が会津藩百二十万石の上杉景勝を攻めるために動かした軍勢に匹敵する。

しかし相手は南部家の重臣の一人、九戸政実なのである。史書には五千の兵でたてこもったと記されているが、南部家の所領は十万石にも満たないのだから、これは怪しい。十万石の大名が持つ兵力は三千人が一般的な基準だから、多く見積もっても千五百がいいところである。五千人いたとすれば、非戦闘員である領民まで城内に抱え込んでいたということだろう。

こんな小城ひとつ落とすのに、なぜ秀吉は十五万もの大軍を動かしたのだろうか。

南部家内の争い

九戸政実と主君である南部信直《のぶなお》の争いは、九年前の天正十（一五八二）年から始まっていた。この年一月、南部家最強の当主だった晴政《はるまさ》が死に、嫡男晴継《はるつぐ》も何者かに暗殺された。

そこで晴政の長女の娘婿《むすめむこ》である石川信直と、次女の娘婿である九戸実親《さねちか》（政実の弟）のどちらかを後継者にすることにし、家中は真っ二つに分れて争った。

晴継を暗殺したのは誰かという問題もあって、互いに激しい中傷や謀略をくり返したが、有力な重臣たちの支持を集めた信直が、南部家第二十六代の当主の座におさまった。

南部家随一の猛将といわれた九戸政実はこの決定に不満で、事あるごとに信直にたてついた。史書によれば南部家の正当な後継者は自分だと主張し、南部家から独立する動きさえ見せたという。

その年六月、本能寺の変がおこり、信長が倒れて秀吉が天下人となった。そして天正十八（一五九〇）年には小田原城を平らげ、奥州まで軍勢を進める構えを見せた。

これを知った信直は一千の軍勢をひきいて小田原に参陣し、南部家の所領と家督を安堵された。これで公に南部家の後継者と認められたわけだが、秀吉が求めた注文は厳しかった。

「重臣たちの居城を破却し、妻子を南部家の居城がある三戸に住まわせよ」

これは信長の頃から進めてきた一国一城令を徹底させ、大名の領国支配を完成させるための措置である。検地や刀狩りとともに、天下統一のためには欠かせない施策だった。

ところが奥州には、中央への反発と独立自尊の気風が根強い。しかも九戸政実は長年信直との確執をくり返してきただけに、城の破却にも妻子のさし出しにも応じようとしなかった。

天正十九（一五九一）年一月には三戸城への正月参賀を拒否し、三月には一門や同志を集めて反信直の兵を挙げた。これには秀吉の支配に反発する土豪や地侍が加わり、信直の力では抑えきれないほどの勢力になった。

そこで信直は秀吉に救援を求め、十五万もの大軍が動員されることになったのである。

朝鮮出兵を見すえたデモンストレーション

乱の結果はあっけないものだった。

江戸時代に編さんされた史書の中には、政実の活躍を大々的に伝えるものもある。九戸城攻撃は八月二十五日から始まったが、政実の鬼神のごとき働きによって秀吉軍は翻弄《ほんろう》され、数度の不覚をとった後に、和議を申し入れることでようやく降伏させたというのだ。

ところがこれは地元の英雄を賞賛したいという心情が生み出した架空の物語で、史実はかなりちがっている。

乱の鎮圧に出兵した諸将の文書（これを根本史料と呼ぶ）によれば、蒲生氏郷を大将とする軍勢六万余が九戸城を包囲したのは九月二日。政実が剃髪《ていはつ》して降伏したのが九月四日である。

「去二日より取巻き、早堀際まで仕寄《しより》申し候ところ、九戸髪をそり走入り申すに付て」

降伏を許したと、奥州奉行だった浅野長政は長束《なつか》正家にあてた書状に記している。

六万もの大軍に取り巻かれた政実は、一戦も交えることなく降伏を申し出たのである。

このことからも分るように、単に乱を鎮圧するためだけなら蒲生氏郷と伊達政宗を派遣すれば充分だった。ところが秀吉が十五万もの大軍を動かしたのは、この乱をきっかけに諸大名を動員することで、己の威勢を天下に示そうと狙ったからだ。

秀吉はこの頃、朝鮮出兵に向けて着々と中央集権化を進めていたが、これには分権派の大名や朝鮮出兵に反対する者たちが根強い抵抗をつづけていた。

そうした反対を封じ込め、逆らったならどうなるかを見せつけるために、秀吉は十五万もの大軍の動員という示威行為《デモンストレーション》をおこなった。

そのための獲物にしようと、九戸政実をあの手この手で巧妙に追い込み、挙兵せざるを得なくしたのである。

秀吉の非を鳴らした藤堂高虎

高野山口から山頂へ向かう曲がりくねった道を車で一時間ほど走り、大門の脇を抜けると、目の前に忽然と不思議な町並みが現われる。標高八百メートルもある山頂にひらけた、高野山金剛峯寺の門前町である。

大門から壇上伽藍《だんじょうがらん》をへて奥の院の一の橋までおよそ二キロ。その間に今も百十七の寺院があり、おとずれる人は数多い。

一の橋から杉木立におおわれた参詣道を二キロほど歩くと、弘法大師空海の御霊《みたま》をまつった御廟《ごびょう》があり、今も役僧が一日二回お大師さまに食事をとどける。空海は今も生きていて、この世の平和と万民の幸せを祈りつづけていると信じているのである。

空海がこの地を真言宗の根本道場と定めたのは、弘仁七（八一六）年のことだ。彼は承和二（八三五）年に没したが、弟子たちによって多くの伽藍が建てられ、比叡山延暦寺とならぶ仏教の聖地となった。

山上は世俗の権力がおよばない守護不入の地とされ、罪をおかしたり借金を返済できなくなった者も、この寺に入れば罪を問わないという不文律があった。現世で居場所がなくなった者が神仏にすがって逃げ込んできたからには、守り抜くべきだ。そんな中世的な信仰によるものである。

伊賀、伊勢三十二万石の大名となった藤堂高虎も、この山にこもって出家しようとしたことがある。主君豊臣秀保が謎の死をとげ、大和郡山百万石が没収された時のことだ。

やがて秀吉から下山をうながされ、板島（宇和島）七万石の大名に取り立てられたために、この入山はおのれを高く売るためのパフォーマンスだと評する向きもあるが、とんでもない誤解である。

高虎は、秀吉が愛児秀頼への妄執におぼれ、大和郡山家を取りつぶしたばかりか、養子にした秀次（秀保の兄）から関白職を取り上げようとしているのを諫《いさ》めるために、決死の覚悟で高野山にこもったのだった。

主君秀長、五十一歳で他界

高虎は弘治二（一五五六）年一月六日、近江の藤堂村（現在の犬上郡甲良町）に生まれた。父虎高は浅井家の重臣で、母お虎は多賀大社の社家である多賀家の出身だった。

幼い頃から体が人一倍大きかったが、青年期になると身長六尺三寸、百九十センチちかい巨漢になった。

初陣は姉川の戦いである。織田、徳川の連合軍と浅井、朝倉勢が激突したこの戦いに、十五歳の高虎は父とともに浅井勢として出陣したが、戦に敗れて小谷城に籠城する窮地に追い込まれた。

籠城が二年におよんだ頃、高虎はささいなことで上司と争い、彼を斬り捨てて城から脱出した。二十一歳の頃、長浜城の城主となった羽柴秀吉の弟秀長につかえ、丹波の平定戦や山崎の戦い、賤ヶ岳《しずがたけ》の戦いで戦功をつみ、一万石を与えられる身となった。

秀長が大和郡山百万石の大名となってからは家老として領国経営にあたるかたわら、築城家としてもめきめきと頭角を現わし、大和郡山城や和歌山城の築城にたずさわった。

ところが三十六歳の時、順風満帆の人生に暗雲がたちこめる。千利休とともに政権運営にあたっていた秀長が五十一歳で他界したのである。

時あたかも朝鮮出兵の是非をめぐって石田三成らの官僚派と秀長らが激しく対立していた頃。秀長という後ろ楯を失った利休は政権内で孤立し、秀長の死からわずか二か月後に切腹を命じられたのである。

命を賭して高野山へこもる

高虎は秀長の跡を継いだ秀保の後見役として大和郡山百万石の運営にあたり、朝鮮出兵中も数々の手柄を立てるが、国内では秀吉と関白秀次の争いが激しくなっていた。

秀吉は秀次を跡継ぎにしたものの、淀殿との間に秀頼が生まれたために、関白職を奪い返そうとしていたのである。

高虎は両者の間を仲介しようと奔走《ほんそう》するが、そんなさなかに主君秀保が谷川に落ちて急死し、大和郡山百万石が没収されるという事件がおこった。

これは秀頼を擁立しようとする三成らが、秀次、秀保ラインを分断するために刺客を放って暗殺したのにちがいない。そう考えた高虎は、高野山にこもって出家することで秀吉の非を鳴らし、秀次への迫害をやめさせようとしたのである。

この時詠んだ「身の上を思へばくやし罪科《つみとが》の、ひとつふたつにあらぬ悲しさ」という歌が、秀保の後見役をはたせなかった高虎の胸の内を如実に現わしている。

世論の批判を恐れた秀吉は秀次との和解をはかり、高虎に板島七万石を与えて下山させた。

ところがそれからわずか一月もたたないうちに秀次を高野山に追放し、うむを言わさず腹を切らせた。しかも秀次の妻妾《さいしょう》や子供たち三十数人を、三条河原で処刑したのである。

このことを赴任先の板島で聞いた高虎は豊臣政権との決別を決意し、淀殿や三成を不《ふ》倶《ぐ》戴天《たいてん》の敵と見なすようになった。そうして秀長と親しかった徳川家康と意を通じ、二人三脚で三成らの打倒と新政権の樹立をめざして邁進していったのである。

高野山には今も高虎がこもった高室院《たかむろいん》がある。

そこから東に三百メートルほど行くと、高虎の旧主であった浅井長政・お市夫妻をまつった持明院、西に三百メートルほどはなれた所に、秀次が切腹した際に検使をつとめた福島正則が母の供養のために建立した六時の鐘がある。

一の橋をわたって参詣道を進むと、上杉謙信《うえすぎけんしん》、石田三成、明智光秀、秀吉、信長など、錚々《そうそう》たる英雄たちの墓が並んでいる。

近世になると守護不入の特権は否定されたが、ここでは誰もが世俗的な対立やありし日の評価から解き放たれ、ひとしく黄泉《よみ》の客となって眠っているのである。

利休切腹の真相と石田三成

雪の降りしきる日に会津若松市をたずねた。

白漆喰《しっくい》で外壁をぬった会津若松城の天守閣は、屋根に雪が積もって純白に見えた。五層のどっしりとした構えで、秀吉から奥州の仕置きを命じられた蒲生氏郷の威勢と意気込みが伝わってくるようだった。

城内には千利休の娘婿の少庵《しょうあん》が作った茶室麟閣《りんかく》があった。少庵が自分で削った床柱が今も残っている。それをながめていると四百二十年の時間を一瞬に飛びこえ、本人と出会った気がした。

少庵が都を逃れて会津に身を寄せたのは、利休が秀吉の怒りにふれて切腹させられ、一門にも弾圧の手が伸びたからだ。利休七哲の一人である氏郷が、少庵の苦難を見かねて自領にかくまったのである。

利休の切腹には謎が多い。大徳寺《だいとくじ》（京都市北区）の三門に自身の木像をおいたことや、茶道具を不当に高い値段で売りつけたこと、娘を側室にさし出せという秀吉の要求を拒んだことが原因だと言われているが、いずれも説得性に欠ける。

そんな不満を長年持っていたが、近頃その背景をうかがわせる史料に出会った。吉田兼見《かねみ》が記した日記（『兼見卿記』）の次の一文である。

〈今日宗易《そうえき》（利休）母、同息女、石田治部少輔《じぶのしょうゆう》において強問（拷問）、蛇責め仕《つかまつ》るの由その沙汰なり。母当座に絶死し、次に息女同前云々《うんぬん》。但し慥《たし》かならず〉

利休の母と娘が蛇責めにあい、絶死したというのである。日付は天正十九（一五九一）年三月八日。

利休が切腹させられてから十日後のことである。

利休の母と娘を蛇責めに

蛇責めとは何十匹もの蛇を樽や瓶《かめ》に入れ、裸にした女性をその中に押し込める。そして酒を入れたり熱を加えたりすると、蛇はパニックにおちいって女の穴という穴にもぐり込み、さらに先に進もうとして内臓を喰い破る。

石田三成はこれほど凄惨《せいさん》な手段を用いて利休の母と娘を拷問にかけ、何かを聞き出そうとしたというのである。

兼見も「慥かならず」と記しているし、この日に利休の母と娘が死んだという記録はないので、こうした事実はなかったものと思われる。しかし公家の間でそうした噂が取り沙汰されていたことはまぎれもない事実である。

これは三成が利休の関係者を厳しく取り調べていたことと、蛇責めのような陰湿な拷問をやりかねない男だと見られていたことを示している。

あるいは二人は三成の屋敷に連行されて取り調べを受けたのかもしれないし、利休の周辺の誰かが蛇責めにあって絶死したのかもしれない。

少庵が会津に身を寄せていることや、利休の息子の道安《どうあん》が飛驒まで逃れていることも、弾圧のはげしさをうかがわせる。

三成らがこうした手段を用いて利休一門をつぶしたのは、これまで利休切腹の原因と取り沙汰されてきた理由だけによるものではない。事件の背景には豊臣政権内における熾烈《しれつ》な権力闘争があった。

豊臣家は従来、秀吉の弟秀長と利休を頂点とする組織によって支えられていた。そのことは天正十四（一五八六）年に大坂城をたずねた大友宗麟に、秀長自身が、〈内々の儀は宗易、公儀の事は宰相（秀長）存じ候〉と語ったという大友家の記録が物語っている。

中央集権化への生け贄

ところが天正十七（一五八九）年五月に淀殿が秀吉の子鶴松を産んだために、三成ら近江出身の官僚たちが急速に発言力を強めていった。

彼らの多くは旧浅井家の家臣で、淀殿を中心として強く結束していたのである。

両者の対立の争点は二つあった。ひとつは中央集権か地方分権かである。

もともと武家政権は地方分権を志向している。室町幕府の守護領国制や江戸幕府の幕藩体制がそうである。

ところが信長は室町幕府の体制を打ち破り、自己のもとにすべての権力を集める体制をきずこうとした。そうしなければスペイン、ポルトガルに対抗できる国をきずけないと考えたからである。

秀吉もこの方針を引き継ぎ、中央集権をめざした。特に鶴松が生まれてからは、豊臣家にすべての富と権力を集めて我が子に引き継がせたいと望むようになった。

三成はこの望みを忠実に実行することで秀吉に重用され、自己の権力を拡大していったが、徳川家康や前田利家のような有力大名たちは、集権化が進めば自領の独立性がおかされると危機感を持つようになっていた。

こうした勢力の中心的な役割をはたしたのが、秀長と利休だった。

もうひとつの争点は、朝鮮出兵を決行するかどうかである。秀吉や三成は出兵をきっかけに戦時体制を作り、有無を言わさず集権化と国家の改造をなしとげようとした。国外に敵を作ることで、国内の統一をはかろうとしたのである。

ところが多くの大名たちは、戦争になれば軍役の負担が押しつけられる上に、命令に逆らえば一方的に処罰されることが分っている。それゆえ秀長や利休に出兵計画を中止するようにしきりに求めた。

そうした折も折、秀長が死んだ。天正十九（一五九一）年一月のことである。

これを好機と見た三成らは、政権内の反対派を壊滅させ、中央集権と朝鮮出兵を強行しようとした。

その生《い》け贄《にえ》とされたのが利休だったのである。

追い込まれた利休の本音

前項では千利休が切腹に追い込まれた背景についてふれた。

そこにいたるまでの利休の心境はどのようなものだったのか、彼が残した手紙や書付けをもとに解き明かしてみたい。

石田三成らが大徳寺（京都市北区）の三門に利休の木像が安置してあることを問題にしだしたのは、天正十九（一五九一）年閏《うるう》一月二十二日のことだ。

この木像は利休が置いたのではなく、利休が三門造営の費用を出してくれたことに感謝して大徳寺が安置したものである。しかし三成らはそんなことにはお構いなく、利休に責任があると言い立てたのだった。

この日、利休は大徳寺をたずねてこの問題について話し合い、夜になって愛弟子の細川忠興《ただおき》に「引木《ひきぎ》鞘《ざや》の文」と呼ばれる次のような手紙を送った。

〈大徳寺より即今《ただいま》帰宅申し候。困り申し候て先々ふせり申し候（以下略）〉

利休はこの年七十歳。突然難題を突き付けられて困り果て、床に伏してしまったという。利休にとってまさに青天の霹靂《へきれき》だったのである。

口は禍のもと

大徳寺の責任者は古渓宗陳《こけいそうちん》だった。越前朝倉家の出身である宗陳は、三成と対立して太宰府に流罪にされたことがある。それを利休の取りなしで許されたことに恩義を感じ、利休の木像を三門に安置することにした。

そのことを秀吉の使者から詰問された宗陳は、「この儀は自分が一山の長としておこなったことで、利休には何の責任もない」と明言した。

いざとなったら自決して責任をとろうと、僧衣の懐に脇差をしのばせていたという。

それからしばらくして、利休は宗陳をたずねた。禅の師である宗陳のもとで参禅し、今後のことを話し合ったのである。この頃にはすでに三成らの狙いも分り、利休も切腹はやむなしと覚悟を定めていた。

宗陳が「末後の一句はいかがですか」とたずねると、利休は「白日青天怒雷光」と答えた。青くすみわたった空に稲妻が走ったようだというのである。

この句の解釈は諸説あるが、最近では『江湖風月集《こうこふうげつしゆう》』におさめられた道源《どうげん》禅師の「守口如瓶」という七言絶句をふまえたというとらえ方が有力である。

この句は口は禍《わざわい》のもとなので、口を固く守ることは瓶の如くするべきであると戒めたものだ。その戒めが守れずに悩んでいる時に、木揬《ぼくとつ》（警策《けいさく》）で打たれたような厳しい教えを受け、青天白日に雷が走るようにゆるんでいた心が引き締まったとむすんでいる。

利休がこの句をふまえて「白日青天怒雷光」と答えたとすれば、「口は禍のもとと昔から申しますが、私も同じ過ちをおかしてしまいました。しかし教えを受けたお陰で、ゆるんでいた心が引き締まりました」と解釈するのが妥当だと思われる。

つまり利休は秀吉や豊臣政権を批判するような不用意な言葉を口にしたために、三成らに揚げ足をとられて讒言《ざんげん》され、抜きさしならない立場に追い込まれた。しかし今さらそれを訂正したり秀吉にわびを入れたりしては、茶道の宗匠としての立場にかかわるので、すべての責任をおって自決することで道を貫く覚悟を定めたのである。

二月十三日、利休は秀吉に堺に下って謹慎するように命じられた。この時細川忠興と古田織部《おりべ》だけは、利休を慕って淀《よど》の船着場までひそかに見送りに来ていた。

それに気付いた時の心境を、利休は手紙に次のように記している。

〈俄《にわか》に昨夜まかり下り候。仍《なお》淀まで羽与（羽柴与一郎忠興）様、古織（古田織部）様御送り候て、舟本（船着場）にて見つけ申し、驚き存じ候。かたじけなし由、頼みに存じ候〉

二人を見つけて驚き、この二人なら茶の湯の道を正しく伝えてくれるだろうと頼みに思った、というのである。

茶の湯の奥義を解き放つ

利休が追放された京都では、三成らの陰謀が着々と進んでいた。

二月二十五日には、三門にかかげていた利休の木像が一条戻橋《もどりばし》で磔《はりつけ》にかけられた。木像の脇には利休の罪状を面白おかしく記した高札が立てられ、連日見物の群衆が取りまいていた。

これを見た伊達家の家臣は、国許に送った手紙に次のように書いている。

〈木像の八付《はりつけ》、誠《まこと》々前代未聞の由、京中において申す事に候。見物の貴賤《きせん》際限なく候。右八付の脇に、色々の科《とが》ども遊ばされ御札を相立《あい》てられ候。おもしろき御文言、あげて計《かぞ》うべからず候〉

権力者の発想は今も昔も変わらない。三成らは扇情的《センセーショナル》な手段を用いて大衆をあやつり、利休断罪への世論作りをしようとしたのだった。

翌二十六日、利休は上洛を命じられて聚楽第《じゅらくだい》の屋敷にもどった。切腹を命じられたのは二十八日。この処罰に反対する大名が利休を救出に来ることを恐れた秀吉は、上杉景勝の軍勢三千に屋敷のまわりを警固させた。このことからもこの事件の背景に、豊臣政権内の熾烈な権力闘争があったことがうかがえる。

この日は朝から大雨がふり、雷鳴がとどろき、霰《あられ》がふる大荒れの天気だった。まさに白日青天怒雷光で、天も利休の処罰を嘆いているかのようだった。

利休の辞世の歌は次の通りである。

提《ひっさ》ぐる　我得《わがえ》具足《ぐそく》の一太刀《ひとたち》
今此時《このとき》ぞ　天に抛《なげうつ》

得具足とは得意な武器のことだ。その一太刀を天になげうつとは、生涯をかけてきわめた茶の湯の奥義を、この命とともに永遠に向かって解き放つということだろう。生死をはなれた自在の境地を示すとともに、後につづく者たちへの戒めと励ましになるように願って詠じたものにちがいない。

秀吉の怒りを買った利休像

ゴールデンウィークになると、京都市内の十八社寺では「春の非公開文化財特別公開」がおこなわれる。

日頃は公開していない歴史遺産を一挙に公開するもので、戦国時代にかかわりの深い大徳寺でも、方丈、法堂《はっとう》、唐門をはじめ、多くの塔頭が門を開く。

これまで足を運ぶ機会も少なかったが、ふと思い立って利休や等伯にゆかりの深い史跡をたずねてみることにした。

旧大宮通りに面した総門を入ると、天皇の使者を迎えるための勅使門があり、その後ろに朱色にぬられた重層造りの三門、金毛閣《きんもうかく》がそびえている。

下層は連歌師《れんがし》宗長《そうちょう》が大永六（一五二六）年に寄進し、上層は千利休が天正十七（一五八九）年に増築した。内部には長谷川等伯が壁画を描き、利休の木像が安置されている。

この木像が秀吉の怒りを買い、利休切腹の原因となった。利休の木像も磔にかけられたが、寺では利休の功徳《くどく》に報いるために木像を再造し、今でも三門に安置している。三門も当時のままの姿で残されているので、利休や等伯、秀吉や三成が見たのと同じものを目にすることができる。

盛大に信長を弔った秀吉の狙い

拝観料八百円を払って方丈に入った。昔はどうしてこんなに高い料金を取るのかと腹が立ったものだが、近頃は寺の景観を維持する経費を考えればやむを得ないと納得するようになった。

白砂を広々と敷きつめた方丈の庭は豪快である。庭の入口にあたる唐門は聚楽第にあったものを移築したという。色鮮やかな彫刻や金の金具をちりばめた華やかな門で、日光東照宮の日暮門《ひぐらしもん》の手本になったものだ。

法堂の天井には狩野探幽《かのうたんゆう》が龍の図を描いている。こうした画題には、八方にらみや昇り龍、下り龍など、画家がそれぞれ工夫をこらしているが、ここの龍はひときわ変わっている。法堂で手を打つと、龍が鳴くのである。天井裏に反響板をつけているのだろうが、こうした工夫を天才絵師と呼ばれた探幽がしているところが面白い。

ちなみに昇り龍は上求菩提《じょうぐぼだい》、下り龍は下化衆生《げけしゅじょう》。悟りを開いて衆生を教化したいという修行僧たちの目標を現わしている。

次に総見院をたずねた。本能寺の変の後に、秀吉が信長の菩提を弔うために建立したもので、本堂には信長の木像が安置してある。

秀吉は信長の後継者の地位を確立しようと、大徳寺で盛大な葬儀をおこなうことにした。ところが信長の遺体は本能寺で焼けたために、二体の木像を作り、一体を荼毘《だび》にふし、一体を本堂に安置したと伝えられている。

木像は衣冠帯刀《いかんたいとう》の座像で、高さは三尺八寸（百十五センチ）。生前の信長の姿をよく伝えていると言われるが、表情がやさしく凡庸な感じがする。

同じような木像が寺町の阿弥陀《あみだ》寺にあるが、こちらの方が信長の天才と狂気を鋭くとらえていると思うので、見比べていただければ幸いである。

興臨院は能登の守護畠山義総《はたけやまよしふさ》が大永年中（一五二〇年代）に建立したものである。本堂も庭園も室町時代の様式をよく伝え、清潔で簡素で精神性の深さをたたえている。

中でも方丈の前庭は目が覚めるほど美しい。それほど広くはないが、掃き目を入れた白砂の向こうに、小ぶりの築山《つきやま》を配し、岩や松をあしらって中国の理想郷である蓬莱山《ほうらいさん》を表現している。

ちょうど新緑の頃で、築山をおおう緑と白砂が鮮やかなコントラストをなし、いつまでも立ちさり難い優美さをたたえていた。京都でいくつもの庭園を見たが、これほど心惹かれたのは南禅寺の方丈の庭を見て以来である。

畠山義総は能登に多くの文化人を招き、畠山文化と呼ばれる一時代をきずき上げた。七尾（石川県七尾市）出身の長谷川等伯が天下にはばたくことができたのも、その余恵《よけい》にあずかってのことだ。

この庭を見れば、義総の精神性と美意識の高さがよく分る。

黄梅院に見る信長像

黄梅院は信長が亡父信秀の追善のために建立したものである。寺伝によれば永禄五

（一五六二）年に信長は秀吉をともなって上洛し、大徳寺九十八世である春林和尚を開祖として小庵を建立したという。

一般的な史書では、信長が初めて上洛したのは永禄二（一五五九）年に将軍足利義輝に拝謁した時、二度目は永禄十一（一五六八）年に足利義昭を奉じて天下の平定に乗り出した時と説かれている。

ところが京都には、それ以外にもたびたび上洛し、各方面との折衝《せっしょう》にあたっていたという伝承が数多く残っている。

黄梅院もそのひとつで、大徳寺の住職を開祖に迎えることができたのは、以前から密接な交流をしていたからにちがいない。前出の阿弥陀寺には、信長が上洛したのは正親町天皇の勅命に従ったものだという伝承が残っていて、こうした点を視野に入れれば、これまでとはちがう信長像が描けるはずである。

黄梅院の見所は利休が六十六歳の時に作った直中庭《じきちゅうてい》である。一面に苔を植えた枯山水の庭園には、秀吉の求めによってひょうたん型の池をうがっている。

庭そのものは平凡だが、まわりに廻廊をめぐらし、三方向から庭をながめられるようにしているところに特色がある。

また書院の自休軒《じきゅうけん》には、利休の茶の師である武野紹鷗《たけのじょうおう》が作った昨夢軒《さくむけん》という四畳半の茶室がある。床の間があるだけの簡素な作りで、初期の茶室の姿がうかがえる貴重な遺構である。

以上三つの塔頭を回っていたら、真珠庵に立ち寄る時間がなくなってしまった。

一休さんが創建したこの塔頭には、等伯が描いた「商山四皓図《しょうざんしこうず》」のふすま絵がある。日を改めて是非たずねたいものだ。

第三章　敗れ去った英雄たち

非業の将軍、足利義輝

第十三代将軍足利義輝は、塚原卜伝《つかはらぼくでん》に剣術を学び、一の太刀をさずけられるほどの域にたっしていた。世に剣豪将軍と称されるゆえんだが、その幼少期は苦難の連続だった。父義晴から突然将軍位をゆずられたのが天文十五（一五四六）年。数え年十一歳だから今の小学四年生と同年の時だった。

その三年後には江口の戦いで三好長慶、遊佐長教の連合軍に敗れ、近江の坂本（滋賀県大津市）に逃れた。近江半国の守護である六角定頼を頼ったのである。

そこから義輝の京都奪回へ向けての辛く長い戦いが始まる。その足がかりとして築城したのが中尾城だった。

近江の坂本から東山の尾根をこえて銀閣寺の北側に下りる道を、志賀越えの道という。近江と京都をむすぶ主要道路のひとつである。

その尾根の近くにある中尾山に城をきずき、京都奪回の前線基地としたのだった。

築城は天文十九（一五五〇）年。三つの曲輪と出丸から成る小さな山城だが、この城が史上に名を馳せたのは、畿内で初めて鉄砲に備えた城造りをしているからである。

〈尾さきをば三重に堀切て、二重に壁を付てその間に石を入れたり。是は鉄砲の用心也〉

『万松院殿穴太記《ばんしょういんでんあのうき》』はそう伝えている。

二重の壁の間に石を入れた塀は太鼓塀と呼ばれるもので、後に秀吉が大坂城の総構えの塀に用いている。こうすれば塀の重量と強度がまし、大砲の砲撃にも耐えられるからだ。

それよりも四十年も早く同じ塀をきずいているのは、すでに鉄砲が実戦で用いられる脅威があったからである。

種子島に鉄砲が伝わってわずか七年後のことだから、その普及は今日考えられているよりはるかに早かったのだ。

京都奪回のための刺客作戦

義輝が頼りにしたのは六角定頼だけではなかった。能登の畠山《はたけやま》、越前の朝倉、若狭の武田、美濃の土岐《とき》という守護大名たちは、何代にもわたる縁組みによって密接な血縁関係をきずいていた。

義輝はその者たちの後押しを得て京都奪回計画を着々と進めていたが、いざ決行という時になって思いがけない不幸にみまわれた。義輝の父義晴が、天文十九（一五五〇）年五月四日に急逝したのである。行年四十という若さだった。

このために義輝は喪に服さなければならなくなり、せっかくきずいた中尾城を活用することができなくなった。

これを好機と見た三好長慶勢は中尾城を奪回しようとしたが、鉄砲をそなえた将軍の手勢に撃退され、北白川（京都市左京区）まで敗走した。

四十九日の喪が明けた七月初め、義輝は北白川の瓜生山《うりゅうやま》や吉田山まで軍勢を進め、三好長慶の軍勢と小ぜり合いをつづけた。

この時三好方の武将三好弓介《きゅうすけ》の与力が、義輝方の細川晴元勢の鉄砲にあたって死んだことが、山科言継《やましなときつぐ》の日記（『言継卿記《きょうき》』）に記されている。

しかし総勢五万にもおよぶ三好勢の力は強大で、義輝の作戦はあえなく失敗した。そこで次に用いたのが、敵の首魁《しゅかい》である三好長慶と遊佐長教の暗殺を狙った刺客作戦だった。

天文二十（一五五一）年三月十四日、伊勢貞孝《さだたか》の屋敷で開かれた酒宴に招かれた長慶は、進士《しんじ》賢光《かたみつ》という青年武士に切りつけられた。

進士は腰刀を抜いて三太刀まで切りつけたが、長慶は脇息《きょうそく》で受け止め、浅手をおう程度で難をまぬがれた。警固の兵が進士をとらえて拷問にかけたところ、義輝に命じられたと白状したという。

刺客は河内にも迫っていた。高屋城（大阪府羽曳野市）にいた遊佐長教は、以前から京都の六条道場にいる時宗の僧に帰依していた。その信心がつのり、やがては高屋城下に住まわせて折々に法話を聞くことを楽しみとしていた。

五月五日の夜、長教はいつものように時宗の僧を招き、酒を飲みながら話を聞いているうちに、ついうたた寝をしてしまった。すると僧は隠し持っていた刀で長教をめった刺しにし、いずこへともなく姿を消した。

つかの間の帰洛

この刺客作戦が功を奏したのか、翌天文二十一（一五五二）年正月に三好長慶は義輝との和睦に応じた。両者の仲介をしたのは、六角定頼の嫡男義賢《よしかた》（後の承禎）である。和議の条件は管領細川晴元が出家し、長慶が奉じる細川氏綱を後継者にすることである。長慶は将軍の御供衆《おともしゅう》となって義輝に仕えることになった。

この結果、義輝は一月二十七日に三年ぶりに帰洛をはたしたが、細川晴元は同行しなかった。氏綱に管領職をゆずるという和議の条件を承服できず、野にひそんで再起を期すことにしたのである。

これ以後晴元一派のかく乱工作もあって、義輝と長慶の和はわずか一年余りで破局をむかえた。天文二十二（一五五三）年三月、義輝は長慶の制止をふり切って、晴元方の勢力下にある東山の霊山城に入った。

義輝は晴元と同盟して再び長慶と対峙することにしたが、抵抗は長くつづかなかった。

この年八月に長慶が二万五千余の軍勢をひきいて攻めかかると、霊山城の守備兵はあっけなく逃亡した。

堺を掌握している長慶は、大量の鉄砲を装備している。その威力を知っているだけに、将軍の守備兵は踏みとどまることができなかったのである。

これ以後義輝は朽木谷に逃れ、以後五年の雌伏を余儀なくされる。時に義輝、数え年十八歳であった。

剣豪の将軍、足利義輝の最期

若狭の小浜《おばま》と京都を結ぶ道は鯖《さば》街道と呼ばれている。

小浜湾でとれた鯖を塩漬けにして夜明け前に出ると、夕方には京都に着く。その間にいい塩加減になるので、都の高貴な方々に好まれた。そのために鯖が来る道という意味でこの名がつけられた。

ついでながら鯖と一緒に甘鯛も運ばれた。魚としてはこちらが高級だが、歩荷《ぼっか》が背負って運んでくる間に、身がくずれてぐじぐじになる。それで京都では甘鯛のことをグジと呼ぶようになったという。

この鯖街道の要所朽木《くつき》に、興聖寺《こうしょうじ》という古刹《こさつ》がある。

都を追われた足利義輝はこの寺で五年間の亡命生活を送った。地元の名族朽木氏の庇《ひ》護《ご》を受け、若狭の武田、近江の六角、越前の朝倉、越後の長尾らの支援を受け、都への復帰をめざしたのである。

これらの諸大名は日本海と琵琶湖の流通に依存して領国経営をおこなっている。対する三好長慶は阿波、淡路、摂津、和泉などを領国とし、瀬戸内海や太平洋の流通をおさえていた。

つまり両者の対立は、日本海と瀬戸内海という二つの流通圏を握った者たちの主導権争いだった。日本海の交易には明国出身の海商王直《おうちょく》らが、泉州堺港を中心とする交易にはポルトガル人が進出しているので、貿易の主導権争いと言うこともできる。

義輝らに捲土重来《けんどちょうらい》のチャンスがめぐってきたのは、永禄元（一五五八）年のことである。

義輝は六角義賢（後の承禎）の支援を得て、この年五月に近江の坂本まで進出して挙兵の意志を明らかにした。そのきっかけとなったのは、大内義長《おおうちよしなが》を亡ぼして西国の覇者となった毛利《もうり》元就《もとなり》が、義輝を支援する意志を明らかにしたためだと思われる。

京都奪回に成功する

義輝の軍勢はおよそ三千。

対する三好長慶は一万五千の兵を集め、六月二日に瓜生山にある勝軍地蔵山城《しょうぐんじぞうやま》を占拠して守りを固めた。五年前の戦いの時に、義輝方は志賀越えの道をついて洛中への侵入をはかったので、瓜生山をおさえてそのルートを封じたのだった。

ところが義輝方は裏をかき、大文字山の山頂にある如意岳《にょいがだけ》城を占拠した。五山の送り火で知られるこの山は、洛中を一望に見渡すことができる絶好の位置を占めている。

義輝方はここから鹿ヶ谷《ししがたに》を通って洛中に乱入し、付近の村々を焼き払って三好勢を牽制した。すると三好長慶は反撃に出るどころか、瓜生山の軍勢を東寺に引き上げさせた。これを見た義輝方は瓜生山を占領し、北と東から洛中に攻め入る態勢をととのえたのだった。

長慶は東寺を本陣とし、一万五千の軍勢を洛中に展開していたが、積極的な作戦に出ることもなくにらみ合いをつづけた。そうして七月になると六角義賢が和議の仲介に立ち、十一月の初めには長慶が義輝に臣従する形で和議がととのったのである。

これには長慶の支援に駆けつけた三好義賢、安宅冬康、十河一存の三兄弟が激しく反対した。二万以上もの軍勢を集めながら、三千ばかりの敵に降伏するのは馬鹿げていると思ったからだが、長慶は九月十八日に本拠地堺で一門の評定をおこない、これ以上義輝と戦いつづけることの不利を説いて押し切った。

もし毛利元就を敵に回せば、東西から挟撃される恐れがある。それに瀬戸内海の西の入口を閉ざされれば、三好家の流通圏は崩壊し、経済的基盤を失うことは目に見えていたからである。

松永久秀の急襲

十一月二十七日、義輝は相国寺において長慶の降礼《こうれい》を受け、五年ぶりに洛中への復帰をはたした。翌年には長尾景虎《かげとら》、斎藤義龍《よしたつ》、織田信長らに上洛を命じて幕府の権威の復活をはかり、武田信玄や島津義久《よしひさ》らにも私戦を禁じる御教書を発している。

このことに危機感をつのらせた三好長慶は、丹波、河内、大和、播磨、讃岐、伊予にまで勢力圏を拡大して対抗しようとした。ところが永禄七（一五六四）年八月に四十三歳の若さで急死し、三好王国は壊滅の危機に直面した。

そこで重臣の松永久秀や三好三人衆が取ったのが、義輝を暗殺して意のままになる新将軍を擁立する策だった。

永禄八(一五六五)年五月十九日、久秀らは清水寺に参詣すると称して大軍を洛中に送り込み、将軍家の室町第(花の御所)を急襲したのである。

この時の様子はルイス・フロイスの『日本史』に詳しく記されている。三好三人衆の一人である岩成友通《いわなりともみち》は、御所を包囲した後に将軍に訴えたいことがあると言って書状を差し出した。そしてこれを拒否されたことを口実に邸内に乱入したのである。

これを知った義輝はもはやこれまでと覚悟を定め、重臣たちの掌に御飯と肴《さかな》を取り分け、一人ひとりにねぎらいの言葉をかけて盃を与えた。そうして乱入してきた兵を撃退し、それを追って表に飛び出そうとした。

すると母親の慶寿院《けいじゆいん》(近衛尚通の娘)が、将軍らしく腹を切るようにといさめたが、義輝は、

〈たとえ敵は賤《いや》しき者であり、身分において国主たる予にははるか劣るとはいえ、予は

密かに隠れて死にたくはない。一同の面前において公方らしく戦死したい〉

（『完訳フロイス日本史Ⅰ』中公文庫）

そう言って走り出てさんざんに戦った。

まさに剣豪将軍の名にふさわしい勇ましさだが、多勢に無勢である。

〈敵勢は彼の胸に一槍、頭に一矢、顔面に刀傷二つを加え、かくて彼がこれらの傷を負って地面に倒れると、敵はその上に襲いかかり、おのおの手当たり次第に斬りつけ、彼を完全に殺害した〉

（同前）

義輝、行年三十。信長が義輝の弟義昭を奉じて上洛するのは、これから三年後のことである。

川中島の戦いの真相

信玄といえば川中島の戦いで知られている。越後の上杉謙信と五回にわたって戦い、ついに勝敗が決しなかった。両雄の秘術のかぎりをつくした戦いぶりは、戦国絵巻の名場面として講談や小説の恰好《かっこう》の題材となっている。

中でも永禄四（一五六一）年の第四回目の戦いは激烈で、謙信自ら武田の本陣に駆け込み、信玄に斬りかかった。信玄はあわてず騒がず、手にした鉄の軍配でがっしりとこれを受けたという。

こうした英雄譚《たん》にはこと欠かない名勝負だが、両雄はどうして五回、十二年にもわたって戦いつづけたのか。その理由について明確に説明した史書は案外少ない。

信玄は早く上洛して天下に覇をとなえたいと願っていたが、戦好きの謙信に挑まれつづけたので戦わざるを得なかった。そんな説をよく耳にするが、これは明らかに間違っている。

信玄は家督をついで以来、執拗に北進策を取りつづけ、信濃を攻略しようとした。謙信は村上義清《むらかみよしきよ》や小笠原長時《おがさわらながとき》らの救援要請を受け、信玄の北進をはばもうとしたのである。

なぜそこまで遮二無二《しゃにむに》北へ向かおうとしたのだろうか？

武田信玄が挑んだ北進の夢

その理由が長い間分らなかった。

信玄にも川中島の戦いにもいまひとつ興味を持てなかったのはそのためだが、二十年ほど前に韮崎《にらさき》市教育委員会が編んだ『新府《しんぷ》城と武田勝頼』（新人物往来社）という本に出会った。

この本の冒頭に故網野善彦氏の「日本中世社会における武田氏」という講演録がおさめられている。これを読み、なるほどそうかと目からウロコが落ちた。

その要約は次の通りである。

武田一族は鎌倉時代から対馬や安芸、遠江《とおとうみ》の守護をつとめ、室町時代には若狭守護の地位も手に入れた。

武田氏の末流である南部氏は、奥州下北半島の所領に移り、十五世紀後半には十三湊《とさみなと》の安東氏との戦いに勝って、陸奥《むつ》湾や津軽湾の海運を掌握した。

また若狭武田氏の一族である武田信広《のぶひろ》は、室町時代に北海道に渡り、松前《まつまえ》を中心として支配権を確立した。

こうした一族や一門との交流は、信玄の代になってもつづいていたのである。

この頃すでに奥州からの産物は日本海航路を利用して若狭に運ばれ、京都や畿内に持ち込まれて大きな利益を生んでいた。

この航路の両端を武田一門が押さえていたわけで、信玄は信濃から越後に出て港を確保さえすれば、ドル箱とも言える海運のルートに直接つながることができたのである。

「信玄が北へ北へと行きましたのは、私は日本海に出て、日本列島を横断する道を押さえようとしたのではないかと思います」

網野氏はそう語っておられるが、日本海に出ることには、もうひとつきわめて重要な目的があった。海外貿易のルートとつながることである。

この頃の日本には硝石や鉛が充分に産出せず、大半を輸入に頼っていた。また鉄砲を作るための軟鋼《なんこう》や真鍮《しんちゆう》を作る技術もなかったので、すべて輸入に頼っていたことが近年の研究で明らかにされている。

つまり信玄が日本海に出ることには、鉄砲を生産したり実戦で用いるための物資を輸入するという軍事的な目的もあった。

かくて信玄は二十一歳で武田家の当主になってから、四十八歳で南進策に切りかえるまでの二十七年間、北進の夢に挑みつづけたのだった。

領国よりも流通ルートを手に入れたい

その足跡を駆け足で追ってみよう。

家督をついだ翌年、信玄は諏訪頼重《すわよりしげ》に大勝し、頼重を自害させて信濃侵攻の第一歩を踏み出した。その翌年には佐久への侵攻を開始。この地方の盟主だった長窪《ながくぼ》城の大井《おおい》貞隆《さだたか》を捕らえて甲府に連行した。

二十五歳の時に伊那地方に兵を進め、高遠《たかとお》城を攻め落とした。この二年後に山本勘助《やまもとかんすけ》に命じて城の大改修に着手している。

二十八歳。信玄は千曲《ちくま》川水運を掌握すべく、葛尾《かずらお》城（長野県坂城町）の村上義清と合戦におよんだが、上田原《うえだはら》で大敗した。

ちなみに村上義清は瀬戸内海の村上水軍と同族で、マルに上の字の家紋も同じである。当時の大名たちが、全国規模のネットワークを保っていたことが、このことからもうかがえる。

信玄は敗北の痛手を強硬策で乗り切ることにし、塩尻峠《しおじりとうげ》に布陣していた小笠原長時を奇襲して敗走させた。返す刀で佐久に攻め込み、敵方に通じた十三カ所の城を一気に攻め落とした。

〈佐久郡大将をことごとく打殺す。さるほどに打ち取るその数五千ばかり。男女生け取り数を知らず〉（『妙法寺記《みょうほうじき》』）

まさに侵掠《しんりゃく》すること火の如し。男女を生捕りにするのは身代金をとったり奴隷として売りさばくためである。

その二年後、信玄は砥石《といし》城（上田市）の戦いで再び村上義清に敗れたが、それから三年後の天文二十二（一五五三）年には葛尾城を攻め落として義清を敗走させた。

その後信玄は千曲川沿いの海津《かいづ》（長野市）まで進出し、山本勘助に築城を命じた。

この城を足がかりとして北進をつづけるつもりだったが、村上義清の救援要請を受けて出陣してきた上杉謙信と激突することになったのである。

戦国大名が戦いをくり返したのは、領国よりも流通ルートの支配権を得るためだった。信玄も例外ではなく、千曲川から信濃川にかけての水運の掌握と日本海海運への参入をめざしていた。

それゆえ謙信も、上杉家の命運をかけてこれを阻止せざるを得なかったのである。

追放された守護大名、畠山義続

戦国時代には下克上の動きが加速し、この国の統治システムが大きく変わった。

室町幕府のもとでは足利一門である斯波、細川、畠山、今川や、源頼朝以来の名門である伊達、武田、島津などの守護大名家が、朝廷や寺社と共存しながら領国を治めてきた。

土地や領民の支配は武家がつかさどり、商業や流通に関わる市や座の支配権は朝廷や寺社がにぎっていた。守護大名の支配地域はかぎられているので、全国におよぶ商業や流通の活動を管理するには、朝廷や寺社のほうが適していたのである。

ところが海外との交易がさかんになり、農本主義的な社会から商業中心的な社会になると、商人や流通業者とむすびついた在地の武士たちが次第に経済力を持つようになり、旧体制を打ち破って戦国大名へと成長していった。

彼らの一番の特長は、土地や領民ばかりでなく商業や流通まで支配し、朝廷や寺社が持っていた既得権を否定したことだ。楽市楽座とは、それを象徴する政策である。

下克上の先駆者は関東の覇者となった北条早雲、美濃の蝮《まむし》こと斎藤道三、西国四カ国を手に入れた毛利元就。

そしてアンカーは織田信長、豊臣秀吉、徳川家康である。

彼らの華々しい活躍はよく知られているが、その一方で下克上の荒波にもまれて滅亡していく守護大名も多かった。能登の七尾城主だった畠山義続《よしつぐ》もその一人である。

有名無実と化した室町幕府

畠山家は細川、斯波とならぶ室町幕府の三管領家で、能登、越中、河内、和泉の守護を歴任した。能登畠山家の祖は満慶《みつのり》で、七代義総、八代義続の時に最盛期をむかえた。

日本海海運の拠点のひとつである七尾を支配し、日本五大山城のひとつと称される七尾城をきずき、都から多くの僧や公家、連歌師などを招いて文化の振興に力を入れた。

ところが義続の晩年になると、重臣たちが戦国大名的な力を持ち始め、義続の命令に従わなくなった。その筆頭が温井紹春、長続連で、重臣七名による合議制によって能登を治めるべきだと主張するようになった。

義続は事態を打開するために隠居を決意し、家督を嫡男義綱《よしつな》にゆずった。

ところが義綱と重臣たちとの対立は激化する一方で、畠山家の存続さえ危ぶまれるようになった。業を煮やした義綱は、温井紹春を誅殺する強硬手段を用いて重臣たちを従わせようとした。

同じ頃、織田信長は守護大名である斯波氏を追放して尾張の統一をはたしている。義綱はこうした事態をさけるために先手を打ったのだろうが、温井一族は他の重臣たちと手をむすんで打倒義綱の兵を挙げ、能登は内乱状態となった。

それから十年後の永禄九（一五六六）年、七人衆と呼ばれる重臣たちは義続、義綱父子を七尾から追放し、長年の対立に結着をつけた。

義続らは近江に逃れ、義綱の妻の父である六角承禎を頼った。

ところが承禎も重臣たちとの対立に悩まされ、観音寺騒動をひき起こしたばかりで、一行を庇護するほどの余力はなかった。

そこで洛中の畠山邸に身を寄せ、室町幕府の裁定によって領国復帰をはかろうとしたが、十三代将軍足利義輝が松永弾正らに謀殺された直後で、幕府も混乱をきわめていた。守護大名たちは互いに姻戚《いんせき》関係を結んで結束し、旧来の秩序と権益を守り抜こうとしたが、頼みの綱である幕府までが有名無実と化しつつあったのである。

それから二年後の永禄十一（一五六八）年、下克上のチャンピオンである信長が足利義昭を奉じて上洛し、第十五代将軍に擁立した。義続らはこの機に乗じて七尾城を奪回しようと、越中の楡原《にれはら》村に移って長尾景虎（上杉謙信）に支援を求めた。

越中、能登へ勢力を伸ばそうとしていた景虎は、渡りに舟とばかりに支援を約束したが、義続らに身方する旧臣は少なく、挙兵もできないまま越中から脱出せざるを得なくなった。

景虎が七人衆を打ち破って七尾城に入ったのは、天正五（一五七七）年のことである。

この頃には義続も義綱も健在だったが、景虎はこの城に彼らをむかえようとはしなかった。もはや守護大名家の名分など必要としないほど、世の中は変わっていたのである。

長谷川等伯とのつながり

七尾城は七尾市の南につらなる尾根にきずかれている。今も本丸や二の丸の石垣群が残り、往年の畠山氏の権勢の大きさを偲《しの》ばせる。

本丸からは七尾湾を眼下にのぞむことができ、日本海海運が畠山氏の力の源泉だったことがよく分る。

画家の長谷川等伯もこの町で生まれた。七尾で絵仏師（お寺や信徒のための宗教画家）をしていたが、本格的な絵師になる夢は捨てがたく、三十三歳の時に妻子をつれて都に出た。

それから十八年の苦節をへて、五十一歳の時に千利休の後押しを得て大徳寺の山門の絵を任された。これが出世の糸口となり、「楓図」のような金碧障壁画《きんぺきしょうへきが》や「松林図」のような水墨画を描き、狩野永徳と肩を並べるほどの大家になった。

この天才画家と畠山義続は接点がある。義続が越中新川郡の本顕寺に奉納した「法華《ほけ》経本尊曼荼羅図《きょうほんぞんまんだらず》」には、義続と妻の出家姿が描き込まれているが、これを手がけたのは絵仏師だった頃の等伯である。

また等伯が描いた「武田信玄像」と伝えられるものがある。太刀と鷹を従えた有名な絵だが、用いている脇差に足利家の二引両《ふたつひきりょう》の家紋が入っていることなどから、これは畠山義続ではないかという説が近年有力視されている。

それが事実なら、時代の荒波にもまれて消え去った義続も、等伯のおかげで後世に堂々たる遺影《いえい》を残すことができたわけである。

毛利元就と石見銀山

恐ろしいほどの切れ者だった。

戦国時代史の中で知将・名将と呼ばれる男は数多いが、毛利元就のように透徹《とうてつ》した知性と厳格な抑制力を身につけた者は他にいない。

元就は三本の矢の故事で知られている。三人の息子に家督をゆずるにあたって、「一本の矢は折れるが、三本の矢を束にすれば折れない。それゆえ三人で力を合わせて家を守れ」と教えさとしたという話である。

これは江戸時代に作られた逸話らしいが、その原型となった史実はある。

元就は六十一歳の時に三人の息子に訓戒状を与えたが、その中で「三人の間、露塵《つゆちり》ほどもあしざまに成り行き、悪くおぼしめし候わば、はやばや滅亡と思し召さるべく候」と記している。

元就自身が「ひとえにひとえに、武略、計略、調略かたの事までにて候」という徹底した姿勢で敵の分裂工作をおこなってきただけに、敵の調略に引っかかる愚を厳しく戒めたのである。

史上に残る二つの調略

元就が生まれた毛利家は、吉田郡山城（広島県安芸高田市）を拠点として三万石ほどを領する国人《こくじん》領主にすぎなかった。

元就は二十七歳で家を継ぐと、山陰の尼子氏、防長の大内氏という強国の間にありながら巧みな外交を展開し、西国の大半を領する大大名にのし上がった。

その飛躍のポイントとなったのが、石見銀山を手に入れたことである。

戦国時代、日本の銀の産出量は世界の三分の一にたっし、東アジア貿易において絶大な影響力を持っていた。その中心となったのが石見銀山であり、誰がこのドル箱をにぎるかで戦国大名の勢力地図は大きくぬりかえられた。

開発当初から石見銀山を支配したのは大内義興《よしおき》である。ところが天文九（一五四〇）

年、尼子経久《つねひさ》が大軍を動かして銀山を奪いとった。この時元就は大内氏の側に立って尼子氏に抵抗し、吉田郡山城を三万の軍勢に包囲される窮地に立たされた。

元就はわずか三千の手勢とともに城に立てこもり、四か月におよぶ激戦の末に尼子勢を撃退した。この大勝によって、安芸一国の旗頭としての地位を確立したのである。

一方、銀山を奪われた大内家の力は徐々に低下していった。ところが若くして当主になった大内義隆《よしたか》は、一向に銀山奪回の兵をおこそうとしない。このことに危機感をつのらせた重臣の陶隆房《すえたかふさ》（後の晴賢《はるかた》）は、天文二十（一五五一）年に義隆を討ち取り、豊後の大友宗麟の弟晴英《はるひで》（後の義長）をむかえて大内家の当主とした。

ところがこのクーデターには不同意の者も多く、大内家の混乱はおさまらない。その状況をじっと見ていた元就は、天文二十三（一五五四）年に主君の仇を討つという大義名分をかかげて反晴賢の兵を挙げた。

この時元就は、史上に名高い二つの調略を成功させた。

ひとつは尼子氏の当主である晴久《はるひさ》が、重臣の尼子国久《くにひさ》を疑うように仕向け、ついには国久の一族をことごとく誅殺する事態に持ち込んだことである。これは自分が晴賢と戦っている間に、尼子が漁夫の利を狙って南進してくるのを防ぐための措置だった。

もうひとつは大内家の重臣江良信俊《えらのぶとし》と晴賢を離間《りかん》させたことだ。両者の結束が固くては戦に勝てないと見た元就は、「信俊は義隆を討った晴賢を憎み、元就と力を合わせて主君の仇を討とうとしている」という噂を流し、晴賢の疑心暗鬼をさそった。

そうして両者の対立をあおった上で、元就に内通を誓うと記した信俊の書状を偽造して山口城下に落とした。これを見た晴賢は激怒し、真偽をたしかめもせずに江良一族を攻め滅ぼしたのである。

天文二十四（一五五五）年十月一日、元就は厳島《いつくしま》の戦いに大勝し、晴賢を自刃させた。この勝利も、二万の陶軍を動きのきかない厳島に誘い込み、嵐の夜に海をわたって急襲するという、元就の英智と勇気がもたらしたものだった。

その翌年、元就は安芸の軍勢だけで石見銀山の奪回に成功する。十六年前に奪われたドル箱を尼子から奪い返したことで、元就の威信と経済力は大いに高まり、西日本の大大名になる道が開けた。

時に元就六十歳。三人の息子に訓戒状を与えたのは、その翌年に大内義長を滅ぼして大内家の後継者の地位を手に入れた後のことだった。

世界遺産に選ばれた鉱山遺跡

石見銀山は平成十九（二〇〇七）年七月に世界遺産に登録された。国内では十四件目、鉱山遺跡としてはアジア初である。

銀山を支配した大森代官所跡から、銀の採掘場である龍源寺間歩《まぶ》までおよそ三キロ。川ぞいの遊歩道を歩くと、戦国時代から江戸時代にかけてここで生きた人々の暮らしぶりをうかがうことができる。

目立つのは寺の多さである。間歩と呼ばれる狭い坑道に入り、過酷《かこく》な労働を強いられていた人々にとって、信仰こそが唯一の心の支えだったにちがいない。羅漢寺の石窟に安置された五百羅漢像の生々しい表情は、彼らの苦悩を訴えかけてくるようだ。

銀山のまわりには山吹城、石見城、矢滝城など、いくつもの城跡があり、銀山の争奪戦が激しかったことを今に伝えている。

銀山からは温泉津《ゆのつ》沖泊《おきどまり》道、鞆ヶ浦《ともがうら》道という二つの道が伸び、銀の積出し港へつづいている。この道を運ばれた銀が、朝鮮、明国、インド、そしてヨーロッパまで運ばれ、大航海時代の経済を支えたのである。

石見銀山がこれほどの発展をとげたのは、博多の商人神屋《かみや》寿禎《じゅてい》が朝鮮から灰吹法をもたらし、産銀量を飛躍的に増大させたからである。そのことがやがて流通と経済の変化をもたらし、戦国大名の勢力図までぬり変えた。

石見銀山はそうしたことまで教えてくれる貴重な遺産なのである。

強国のはざまに生きた蒲池鎮並

柳川市は筑後川の河口、有明海に面したところに広がる柳川藩十二万石の城下町である。市内には城の堀や用水路が縦横に走り、水郷の町として知られている。

ドンコ舟と呼ばれる底の浅い舟にのって水路を行けば、潟《かた》に近い低湿地帯で暮らしていた人々の知恵がよく分る。

水路ぞいには白壁の武家屋敷やレンガ造りの蔵が並び、江戸の昔に呼びもどされるような風情がある。

柳川出身の北原白秋は情感豊かな詩や童謡を数多く残しているが、彼の心を育んだのはこの町の美しい風景と人情豊かな土地柄だろう。

だが戦乱の世には柳川も戦の舞台となり、数々の悲劇にみまわれた。

豊後の大友、肥前の龍造寺、薩摩の島津という強国にはさまれた筑後は、彼らのパワーバランスが崩れるたびに争奪の的となり、どの勢力につくか生き残りをかけた選択を迫られた。

私の郷里の黒木家永《いえなが》がその渦に吞《の》まれて滅亡したように、柳川城主だった蒲池《かまち》鎮並《しげなみ》も同じような運命にみまわれ、龍造寺隆信《たかのぶ》の前に首をさらした。

柳川藩祖立花宗茂《たちばなむねしげ》が入国する六年前のことだった。

病気と称し柳川城へもどる

鎮並は天文十六（一五四七）年、蒲池家第十六代鑑盛《あきもり》の次男として生まれた。長男鎮久《しげひさ》が妾腹《しょうふく》だったので、正室の子だった彼が家をつぐことになったのである。

蒲池家は代々大友氏に従ってきたが、鑑盛は龍造寺とも好みを通じるようになった。佐賀とは有明海をはさんで一衣帯水の関係にあるので、漁業や海運などで協力することも多かったからだと思われる。

天文二十（一五五一）年に鑑盛は、大友方に攻められて佐賀を脱出した龍造寺隆信を城下の寺にかくまった。その二年後に隆信が佐賀に帰国した時には、警固の兵をつけて丁重に送り返している。

この時隆信は二十五歳、鎮並は七歳だった。

それから二十五年後の天正六（一五七八）年十一月、大友宗麟（義鎮《よししげ》）は耳川《みみかわ》の戦いで島津勢に大敗した。この合戦で鑑盛は大友方として出陣し、三男統安《むねやす》とともに討死した。

ところが鎮並は行軍の途中で病気と称し、二千の兵をひきいて柳川城にもどった。

この情勢を見た龍造寺隆信は、筑後を掌中にしようと二万の兵をひきいて三潴《みずま》郡（大川市）まで出陣した。すると隆信の娘玉鶴姫を妻にしていた鎮並は、いち早く隆信の陣に参じて臣従を誓った。

このために鎮並を不忠不孝と謗《そし》る史書もあるが、これは蒲池家を守るために父と申し合わせた上での行動だったにちがいない。

翌天正七（一五七九）年三月、隆信は万全の仕度をととのえて再び筑後に攻め入った。鎮並はその先陣をつとめ、降伏すれば家の存続は保証すると筑後の諸将に説いて回った。

蒲池家は筑後の盟主的な存在なので、その効果は絶大である。隆信はさしたる抵抗も受けずに筑後と肥後半国を平定し、年の暮れには佐賀に凱旋《がいせん》した。

隆信に叛旗を翻した理由

ところがそれからわずか二か月、鎮並は反隆信の兵を挙げて柳川城に立てこもった。

理由は諸説ある。

出陣中に無断で柳川城にもどったことを叱責されたとか、鎮並と不仲の某氏を隆信が重用したとか、隆信の残忍な性格に反発した、等々だが、真相にもっとも近いのは、約束していた恩賞を与えられなかったことだと思われる。

鎮並が大友勢から抜けて帰城したのは、隆信と密約があったからだろうが、その約束ははたされなかった。筑後を手に入れた隆信は、鎮並の働きに見合う恩賞を与えなかったのである。

隆信の娘婿である彼にとって、この仕打ちは辛い。父と弟を犠牲にしているだけに、世間の目も冷たかったにちがいない。そこで反隆信の兵を挙げなければ、面目が立たない立場に追い込まれたのだろう。

三百日にもおよぶ籠城戦のさなかに鎮並が頼ったのは、薩摩の島津だった。島津家の家老である伊集院忠棟《ただむね》にひそかに使者を送り、近日中に救援のために出陣するという確約をもらった。

ところがこのことあるを見抜いた隆信が柳川城に猛攻を加えたために、鎮並はやむなくこの年の十二月二十八日に投降する形で和議をむすんだ。

心の内では島津勢が北上するまでの時間かせぎだと思っていたかもしれないが、この計略はついに実をむすばなかった。

翌天正九（一五八一）年五月、鎮並は和議の祝いをするので佐賀に来るようにという隆信の誘いに抗しきれず、家臣二百人とともに出向いたところをあえなく討ち取られたのである。

その後隆信は、鎮並の叔父の田尻鑑種《たじりあきたね》に柳川城の蒲池一族を皆殺しにするように命じた。鑑種は必死に助命を嘆願したが、隆信は娘の玉鶴姫や子供たちまでことごとく殺させた。

鎮並三十五歳、隆信五十三歳。二人が初めて会ってから三十年後のことだった。

鎮並は幸若舞《こうわかまい》（能の前身）の名手だった。佐賀の本行寺で隆信の家臣のもてなしを受けた時、お礼に幸若舞の「埋木《うもれぎ》」を披露したという逸話が残っている。

家中でも幸若舞がさかんだったようで、筑後の大江（旧・瀬高町）には日本で唯一の大頭《おおがしら》流幸若舞が伝わっている。

ちなみに織田信長が桶狭間の合戦に出陣する直前に舞った「敦盛《あつもり》」も幸若舞である。

今日、芸能界で活躍している松田聖子の本名は蒲池法子という。鎮並の弟で耳川の戦いで討死した統安の末裔《まつえい》である。

幸若舞の名手だった鎮並の芸能の血は、こうした形で後世に受け継がれているのかもしれない。

標的となった黒木家永

私の郷里は福岡県八女市黒木町《やめしくろぎまち》である。人口一万人ほどの山間の町で、中心部を矢部川が流れている。

八女という地名は八女津姫《やめつひめ》にちなんだもので、古来美人の里として名高い。女優の黒木瞳はこの地方の出身で、女神のＤＮＡを受け継いでいるのだろう。

先日所用があって久々に帰郷した。

福岡空港から高速バスに乗り、八女のインターチェンジで降りる。そうして国道４４２号線を東の山間部に向かって三十分ほど走ると、真正面に城山が見えてくる。この地方の領主である黒木氏の居城猫尾城《ねこお》である。

今は公園になっている城跡も、戦国時代の末期には城主家永以下数百名が討死する惨劇の舞台となった。城兵の血で、ふもとを流れる矢部川は真っ赤に染まったという。

時に天正十二（一五八四）年九月五日のことだった。

耳川の戦いで島津に大敗

黒木氏は源氏の一門と伝えられ、平安時代からこの地方を治めてきた。その頃の当主に笛の名手がいて、朝廷警固の大番役《おおばんやく》をつとめていた頃に笛をかなでて天皇の無聊《ぶりょう》をなぐさめた。その功によって調《しらべ》という姓を与えられたほど、文化、芸能に通じた家柄であった。

以来四百有余年、周辺の領主と縁組をくり返し、血縁関係を広げて家と所領の安泰をはかってきた。

筑後の石高はおよそ三十三万石。筑後川、矢部川の水利に恵まれた豊かな土地で、豊後（大分県）の大友家が長年守護をつとめてきた。

その下に黒木氏をはじめとする十数家の国人たちが従い、互いに協力したり牽制したりしながら領国の平安を保ってきた。

戦国時代になると、筑後は豊後の大友宗麟、肥前佐賀の龍造寺隆信、薩摩の島津義久という英雄たちの争奪の的となる。九州のほぼ中心に位置し、小国が分立していたために、中原《ちゆうげん》の鹿のように狙われたのだった。

その最初のきっかけは、長年筑後の守護をつとめてきた大友家が、日向の耳川の戦いで島津家に大敗したことである。

天正六（一五七八）年十一月、大友宗麟は五万ちかい大軍をひきいて島津討伐に向かったが、兵力の三分の一ちかくを失う大打撃を受けて敗走した。

それと知った龍造寺隆信は二万の兵を出して筑後に侵攻し、一年足らずで平定した。黒木家永も息子の四郎丸を人質に出し、隆信の軍門に下らざるを得なくなったのである。

ところが、その隆信が討死した。

耳川の戦いから六年後、島原半島に兵を進めた隆信は、有馬晴信と島津家久の軍勢に沖田畷《おきたなわて》で大敗して討ち取られた。このために龍造寺家は大混乱におちいり、家老の鍋島直茂《なおしげ》を中心にして肥前を守るのが手一杯になった。

好機到来と見た大友宗麟は、失地回復をめざして七千の兵を筑後に侵攻させた。その最初の標的になったのが、豊後にもっとも近い黒木家永の猫尾城だった。

父の首を投げ落とした花嫁

危機に直面した筑後の国人たちは、龍造寺家に従う道をえらんだ。

前にさし出した人質を見殺しにするわけにはいかないという事情もある。それに龍造寺家を臣従させた島津義久が、九州征圧をめざして北上する計画を進めていたので、それまで持ちこたえれば大友勢を撃退できると見込んだのだった。

そこで家永も龍造寺家に忠誠を誓う起請文《きしょうもん》を出し、二千の将兵を集めて大友勢の来攻にそなえた。猫尾城は自ら指揮し、背後の高牟礼《たかむれ》城には家老の椿原式部《つばはらしきぶ》を配して守りを固めた。

天正十二（一五八四）年七月初め、大友軍は猫尾城を包囲して攻撃を加えたが、城の守りは固く、一か月ちかくたっても落とせなかった。

ぐずぐずしていては島津義久が大軍をひきいて北上してくる。そう案じた大友宗麟は、立花城（福岡市）の立花道雪《どうせつ》と岩屋《いわや》城（太宰府市）の高橋紹運《しょううん》に、猫尾城の攻略に向かうように命じた。

二人は赫々《かっかく》たる戦功をあげた、大友家きっての名将である。八月十八日に四千五百の兵をひきいて太宰府を出発すると、耳納《みのう》連山をこえる六十キロの道をわずか一日で踏破《とうは》して黒木にたどり着いた。

猫尾城は小さいながらも堅固な山城である。力攻めにすれば身方の犠牲が大きくなると見た道雪は、まわりの城を次々に落として孤立無援にした上で、降伏すれば以前と同様に所領を安堵すると黒木家永に申し入れた。

だが家永は頑として応じない。そこで高牟礼城の椿原式部に圧力をかけ、道雪の次男を家永の娘婿にして黒木家を存続させるので、家永を和議に応じさせせよと命じた。

式部はこれに従い、猫尾城に乗り込んで家永を説得した。

そうして九月五日の夜に婚礼がおこなわれる運びとなったが、これは道雪の謀略だった。婚礼のさなかに軍勢を乱入させ、一気に城を乗っ取ったのである。

不意をつかれた家永は家臣とともに最後まで戦い抜き、十三歳になる娘に介錯をさせて自刃した。花嫁姿の娘は見事に役目をはたし、櫓《やぐら》の上から父の首を投げ落として道雪らの卑怯《ひきょう》をののしったという。

その様子を『毛利秀包記《もうりひでかね》』は次のように伝えている。

〈黒木（家永）、三番目の娘歳十三にまかりなり候を召し連れ、二階へ取り上がり数人切り伏せ、その後切腹つかまつり候。かの娘父が介錯つかまつり、その刀にて敵一人切り、父の首と刀を二階より下へ投げ申し候〉

道雪の申し入れを受けた式部は、その後裏切り者の誹りを受けるが、彼もまた謀略にはまった被害者の一人かもしれない。

四百数十年前、我がふるさとでおこった落城秘話である。

秀吉も絶賛した立花宗茂

天下統一をなしとげた秀吉は、諸将や側近を集めて夜話《よばなし》をすることを好んだ。ある夜のこと、側近の一人が「世に名将と呼ばれる方は多いのですが、いったい誰が本当にその名に値いたしましょうか」とたずねた。

すると秀吉は即座に「西の立花、東の本多」と答えたという。西国では立花宗茂、東国では本多忠勝《ただかつ》だという意味である。

宗茂は朝鮮出兵の時、碧蹄館《へきていかん》の戦いで明国軍十万を撃退する働きをした。関ヶ原の戦いの時には西軍に属し、大津城攻めに活躍したが、身方がわずか一日で敗北したため、徳川の軍門に下らざるを得なくなった。

家康は宗茂に切腹を命じようとしたが、盟友の加藤清正や黒田長政が自分の手柄にかえて助命を願ったので、所領を没収するだけにとどめたという。

やがて宗茂は奥州棚倉《たなぐら》に一万石を与えられ、徳川秀忠の軍監《ぐんかん》となって大坂冬の陣、夏の陣で抜群の力量を発揮する。その働きが認められて、関ヶ原の戦いから二十年後に旧領柳川への復帰をはたした。

名将ゆえに数奇な運命をたどった宗茂だが、その名が一躍天下にとどろいたのは、筑前立花城で島津の大軍を撃退する手柄を立てた時だった。

名将立花道雪の婿養子になる

宗茂は永禄十（一五六七）年に生まれた。織田信長が足利義昭を奉じて上洛する前の年のことだ。

父の高橋紹運は大友家の重臣で、太宰府天満宮に近い岩屋城に配されていた。文武に秀でた父のもとで宗茂は順調に成長したが、十五歳の時に筑前立花城の城主だった立花道雪にこわれて婿養子になった。

道雪は大友家の中でも勇猛ぶりを謳《うた》われた名将で、耳川の戦いで島津家に大敗して凋落《ちょうらく》しつつある主家を支えるために、敵との戦いや領国の経営に腐心していた。

宗茂はこの養父のもとで実戦の経験をつみ、大将としての心得を叩き込まれて、生来の才能を開花させていった。

この頃の九州は、大友、島津、龍造寺の三強が覇権《はけん》を争う戦乱の時代である。大友家が耳川の戦いで島津に敗れた後、佐賀の龍造寺が筑前、筑後に進出して猛威をふるったが、天正十二（一五八四）年に龍造寺隆信は島原の沖田畷の戦いで島津に敗れて討死した。

この翌年、筑後の回復をめざして出陣した立花道雪は、七十三歳を一期として陣中で病死した。龍造寺勢が立てこもる柳川城を攻めていた最中のことで、道雪は「自分の死後、遺骸に鎧を着せたまま柳川の方に向けてこの地に埋めよ」と遺言したという。

変幻自在の戦法で島津家を撃退

道雪を失った大友勢の痛手は大きい。それを待っていたかのように、島津義久は九州制圧をめざして五万の軍勢を北進させた。

そのうち二万は日向路《ひゅうがじ》を北に向かい、大友家の本領である豊後に乱入した。

残り三万は肥後から筑後へと現在の国道3号線ぞいに進み、龍造寺家まで服属させて筑後のほぼ全域を支配下に組み込んだ。

筑前の大友勢は風前の灯《ともしび》となったが、宗茂と実父の紹運は敢然と戦う道をえらんだ。紹運は七百余の手勢をひきいて岩屋城に立てこもり、次男の統増《むねます》に七百余をさずけて宝《ほう》満《まん》城の守りにあたらせた。

宗茂は二千五百の兵とともに立花城を死守する構えをとった。婿養子になって五年。弱冠二十歳で家の命運をかけた戦いにのぞんだのである。

対する島津勢は、降伏した筑後、肥後、肥前の軍勢をあわせて十万以上にふくれあがっている。兵力差は二十倍以上だが、宗茂らにはただひとつの希望があった。

主君宗麟の要請を受けた秀吉が、九州征伐の大軍を出すと確約している。その先陣が到着するまで持ちこたえれば、島津勢を撃退できる見込みがあったのである。

合戦は岩屋城で始まった。天正十四（一五八六）年七月十二日、島津勢は兵力にものを言わせて一気に城を攻め落とそうとしたが、紹運は七百六十二名の兵とともに耐えつづけ、十五日間の奮戦の末に全員討死した。

島津勢はそのまま北進して立花城に攻めかかったが、岩屋城で五千名ちかくの死傷者を出す痛手を受けていたために、士気はいちじるしく落ちている。

斥候《せっこう》を出してそのことを知った宗茂は、籠城すると見せかけて打って出たり、敵が攻め寄せてくると城中から痛撃を与えたりと、変幻自在の戦法で島津勢に付け入る隙を与えなかった。

そのうちに毛利輝元が秀吉の先陣として筑前に入るという報が届き、島津勢はあわてて退却し始めた。

宗茂はこれを追って数百人を討ち取ったばかりか、島津方となっていた高鳥居《たかとりい》城を攻め落とし、岩屋城と宝満城も奪い返して実父の仇を報じた。

この働きを賞して秀吉が与えた感状が、「立花家文書」に収録されている。

日付は九月十日で、内容の大略は以下の通りである。

「今度その表へ島津勢が攻め寄せ、身方の城が二、三カ所もろくも落城したと聞き、輝元、元春、隆景らの軍勢をさしつかわすことにしていたところ、立花城だけは無事に守り抜いたという知らせがありました。このことだけでも比類のない忠節ですが、去る二十四日に敵が退却する時に追撃して多数を討ち取った上、高鳥居城まで攻め落として城主をはじめ敵数百人を残らず討ち取られたこと、誠に見事で誉める言葉さえ見つからないほどです」

秀吉が二十五万といわれる大軍をひきいて九州征伐に出陣するのは翌年の三月だが、大勢は宗茂が立花城を守り抜いて島津勢を退却させた時に決まったのである。

西の立花と評された宗茂の、鮮やかなデビュー戦だった。

伊達政宗と蒲生氏郷の鍔迫り合い

平成二十三（二〇一一）年三月十一日の東日本大震災で、東北地方は大きな被害を受けた。

地震と津波、原発事故という人類史上例のない災禍《さいか》だが、現地の人々は自制と規律を失わずに立ち向かった。

その精神力の強さと道徳心の堅固さは、世界中から称賛されたほどである。

その日から四百二十一年前、この地で二人の名将が熾烈な争いをくり広げた。

奥州の覇者となることを夢見ていた伊達政宗と、秀吉から四十三万石を与えられて会津に入封《にゅうほう》した蒲生氏郷である。

発端は政宗が秀吉の惣無事令《そうぶじれい》にそむいて会津の蘆名《あしな》氏を滅ぼしたことだった。

政宗は小田原の北条氏とむすべば秀吉に対抗できると考えていたようだが、秀吉は二十万という大軍で小田原城を包囲し、わずか三月ばかりで攻略してしまった。

政宗はあわてて小田原に参陣して降礼をとったが、秀吉は政宗から蘆名領を没収して氏郷に与えた。この時から旧領回復への長くきびしい戦いが始まったのである。

時に政宗二十四歳、氏郷は三十五歳だった。

政宗の計略を見抜いた氏郷

政宗が失ったのは会津ばかりではなかった。実質的には家臣としていた大崎義隆と葛《か》西《さい》晴信の所領三十万石も没収され、秀吉の家臣の木村吉清に与えられた。

それまで吉清はわずか五千石の身上だったが、一挙に中堅大名に抜擢された。しかも吉清の後見役には氏郷が任じられ、二人で力をあわせて奥州の仕置きをするように命じられた。

これを知った政宗は、チャンス到来と勇み立った。

五千石の所領しか持たなかった吉清は、三十万石の領地を治めるだけの知識も経験も人材も持っていない。にわかに牢人を雇い入れて統治にあたっても、混乱をきわめるのは目に見えている。

そこで葛西、大崎の旧臣たちを煽動《せんどう》して一揆をおこさせることにした。

一揆勢が吉清を討ち取り、これを政宗が鎮圧すれば、三十万石は伊達家に与えられる公算《こうさん》が大きい。しかも氏郷も、吉清を救えなかった責任を問われて会津を没収される可能性が高い。そうにらんだのである。

天正十八（一五九〇）年十月中頃、政宗の意を受けた一揆勢が挙兵した。

事前に周到に連絡を取り合った一揆勢は、木村吉清、清久父子を佐沼《さぬま》城（宮城県登米《とめ》市）に追い込み、冬の到来を待って剪滅《せんめつ》しようとした。

この報を受けた政宗は、一万五千の大軍をひきいて黒川郡下草城（大和《たいわ》町）まで出陣したものの、さまざまな口実をもうけて兵を進めようとしなかった。計画通り、木村父子が討ち取られた後に見せかけだけの合戦をして、一揆勢を追い払うつもりだった。

ところが政宗の計略を見抜いた氏郷が、十一月五日に六千の軍勢をひきいて会津を出陣し、厳寒の雪原を突っ切って十一月十三日に松森城（仙台市泉区）に到着。政宗に対面を求めた。

政宗はやむなくこれに応じ、十九日の早朝に佐沼城に向かって進撃すると約束した。氏郷を茶会に招いて毒を盛ったが、事前にこれを察していた氏郷は西大寺という解毒剤を飲んでいたので難をまぬがれた、という逸話も残っている。

両雄、雪原の知恵くらべ

政宗が布陣したのは古川城で、一揆勢が立てこもる高清水城を正面の敵としている。氏郷は中新田《なかにいだ》に布陣し、岩出山《いわでやま》城の敵に対峙している。

四つの城を線でむすぶと、一辺十キロばかりの四角形となり、その中に名生《みょう》城（大崎市古川大崎名生）が位置している。

政宗は十九日に出陣すると約束したが、蒲生勢に監視されたまま高清水城と佐沼城を攻め落としては、木村父子が討ち取られるのを待つ計画が水の泡になる。

そこで急に病気になったので出陣を延期すると、十八日の夕方に氏郷に伝えた。

そうすれば木村父子の救援を急ぐ氏郷は、予定通り十九日の早朝に出陣して岩出山城に攻めかかる。そのときに名生城に伏兵をこめて背後から襲いかかれば、雪の中で退路を断たれて大きな打撃を受けるだろう。

(あわよくば、氏郷めの首をおがめるかもしれぬ)

年若い政宗はそう考え、氏郷と対面して軍議に及んだ時にも、わざと名生城のことを伏せていたのだった。

案の定、氏郷は出陣した。しめたと思った政宗は三千の兵を中新田に向かわせ、敗走してくる蒲生勢の退路を断とうとした。

ところが信長の一番弟子と称された氏郷は、政宗の計略をいち早く察して岩出山城には向かわなかった。四角形の対角線上を突き進み、高清水城をわずか一日で攻め落とした。

その上で城を政宗に明け渡し、ここを拠点として佐沼城救援に向かうように求めた。政宗はこれを拒むことができず、二十四日に一揆勢を追い払って木村父子を助け出したのである。

この後、伊達家の家臣の須田伯耆守《ほうきのかみ》が、政宗が一揆勢と通じて木村父子を討ち取ろうとしていたと、氏郷のもとに訴え出た。

木村吉清も一揆勢は伊達勢から兵糧、弾薬の支援を受けていたと証言した。氏郷がこうした証拠をそろえて秀吉に訴え出たために、政宗は上洛して釈明せざるを得ない立場に追い込まれた。

しかし、さすがに独眼竜である。黄金の磔柱を背負って入洛するという奇抜なパフォーマンスによって秀吉の心証を良くし、まんまと窮地を脱したという。

政宗と氏郷の両雄が知恵と力の限りをつくして演じた、奥州の雪原の中での鍔迫《つばぜ》り合いだった。

奥州仕置と九戸一揆

蒲生氏郷の生涯を描いた『レオン氏郷』（PHP研究所）と、長谷川等伯を主人公にした『等伯』（日本経済新聞出版社）の二作によって、戦国時代史を新たな視点からとらえ直すという目標をほぼ達成することができた。

そこで新たに取り組むことにしたのが、「日本および日本人にとって奥州（東北地方）とは何か」というテーマである。

わずか千五百年の日本の有史時代をながめても、奥州は時代の変わり目に常に中央政権から「征伐」を受けてきた。

大和朝廷による蝦夷《えみし》征伐。平安時代におこった前九年の役、後三年の役。源頼朝による奥州藤原氏の征伐。豊臣秀吉による奥州仕置。幕末の戊辰戦争。

そして今、福島第一原発の事故によって奥州は重大な被害を受けながら、適正、迅速な復興策もとられず放置されたままである。

いったいなぜこんなことがおこるのか。日本人のＤＮＡの中には、奥州に犠牲を押しつけ、いざとなれば生け贄にして国家の危機を乗り切るという思考回路が、組み込まれているのではないか。

原発事故に対する政府の対応を見て、そうした怒りがふつふつとわきあがってきたのは、私の先祖が奥州の出身だからかもしれない。そこでこれから数年の間、奥州を舞台にした小説を書くことによって、こうした疑問に対する答えを自分なりに出したいと思った。

その第一弾となるのが、秀吉による奥州仕置に抗し、天正十九（一五九一）年に挙兵した九戸政実の乱である。

挙兵せざるを得なかった九戸

この件については、第二章でも書かせていただいたが、調べを進めていくうちに九戸一揆が前年に起こった「葛西、大崎一揆」と密接に関係していることが分かった。

そこで本稿では、そうした歴史的な背景の中で、九戸政実や南部信直がどのような生き方をしたのか検証してみたい。

葛西、大崎一揆は伊達政宗が背後で糸を引き、蒲生氏郷の活躍によって鎮圧されたものだが、両者の対立という危うい火種をかかえていたために、一揆勢への処罰はされないままだった。その勢力はほぼ無傷のまま残ったのである。

老獪《ろうかい》な秀吉は、政宗に葛西、大崎領を与え、氏郷には米沢を中心とする政宗の所領を加増することによって、この問題の解決をはかった。政宗は自分でたきつけた一揆を、自ら鎮圧せざるを得ない立場に追い込まれたのである。

これに対して葛西、大崎の一揆衆は、北部の和賀《わが》、稗抜《ひえぬき》の土豪衆や南部家の諸侍《しよざむらい》に、秀吉の奥州仕置に反対してともに立ち上がろうと呼びかけた。中でも彼らがもっとも頼りにしたのが、勇猛をもって鳴る九戸政実だった。

ところが政実は五十六歳。すでに老境にさしかかり、充分な分別もそなえている。一揆勢が束になってかかっても伊達や蒲生の正規軍には勝てないと分っているし、南部家の重臣という立場上も軽々に動くことはできない。

そこで家臣や一門衆とも協議を重ね、慎重に状況を見守ることにしたが、その間にも秀吉政権からの圧力は強まるばかりだった。秀吉がめざしているのは検地や刀狩りを断行し、中央集権体制を作り上げることである。

その政策の徹底を迫られた南部信直は、九戸政実らに妻子を人質に出すことと、城を破却して臣従することを求めた。これまでは領内に割拠する南部一門はほぼ平等で、合議によって統治を進めてきたが、そうした独立領主としての立場を一切否定し、有無を言わさず命令に従わせようとした。

政実はこれに耐えかね、天正十九（一五九一）年二月中頃に一揆衆の側に立って挙兵することにした。

しかしこれは、自発的に起《た》ったというより、起たざるを得ない立場に追い込まれたと見るほうが的を射ている。というのは信直は政実らが挙兵した直後の二月二十八日、越後の上杉景勝の重臣にあてて、「秀吉が大軍を派遣するというのは本当だろうか」と問い合わせているからだ。

秀吉、奥州出陣を諸大名に命ず

景勝は秀吉に命じられて奥州大名との取次ぎ役にあたっていたので、彼を通じて秀吉の動向をさぐろうとしたのである。

これは政実らが挙兵しても秀吉が援軍を送って鎮圧するという約束が、事前にできていたためだろう。だから信直は容赦なく政実への圧力を強め、挙兵せざるを得ない立場に追い込んだのである。

信直は上杉家からの返答だけでは安心できなかったのか、三月一日には重臣の宮永左《さ》月《げつ》を京都に派遣し、秀吉への援軍要請をおこなっている。

ところがその直後に政実に同心する土豪たちが次々と挙兵し、信直方の城の多くを攻め落とした。あわてた信直は四月十三日に嫡男の彦九郎（後の利直《としなお》）を京都に派遣し、秀吉に重ねて援軍を要請することにした。

それから間もなく、奥州奉行として二本松にとどまっていた浅野長政から、秀吉が援軍を送ることにしたという知らせが届いた。

〈今度、羽柴忠三郎殿（氏郷）、政宗まかり上られ、仕合せよく、近々下国の由に候条、その次第に御人数出さるべき旨に候。しかれば、津軽、仙北口よりは北国の御人数出され、葛西、大崎表へは、家康、中納言殿（秀次）御働きなさるべき由に候〉

前年の一揆の実情を秀吉に訴えるために、氏郷と伊達政宗は上洛していたが、近々領国に戻ることになった。それゆえ帰国次第出兵するはずである。また津軽や仙北口からは北国勢が、葛西、大崎には家康と秀次が出陣することになったので安心するように、というのである。

この書状の通り、六月二十日に秀吉は奥州出陣を諸大名に命じた。一番は政宗、二番は氏郷、三番は常陸の佐竹義宣、四番は宇都宮国綱、五番は上杉景勝、六番は家康、七番は秀次で、総勢十五万という大軍である。

この命令を受けた政宗は、六月末に一万五千の軍勢をひきいて米沢を発ち、葛西、大崎一揆に攻めかかった。

九戸一揆の隠された狙いとは

葛西、大崎一揆に対する伊達政宗の攻撃は容赦がなかった。

天正十九（一五九一）年六月十四日に一万五千の軍勢をひきいて米沢を出ると、二十五日には宮崎城（宮城県加美郡加美町）を攻略し、七月三日には一揆勢の本拠地である佐沼城（宮城県登米市）を攻め落とした。籠城の将兵五百余人、百姓ら二千人を討ち取る苛烈《かれつ》さである。

この報は三戸城で苦戦をつづける南部信直のもとにも届けられた。信直はさっそくこのことを一門や土豪衆に伝え、九戸政実の滅亡も近いので早く見切りをつけて帰順するように呼びかけた。

野田氏にあてた書状には〈伊達殿、大崎佐沼攻め落とされ候て、一揆五六千切られ候。それ以前に宮崎の城落ち候。両所にて一万ばかり撫で切り候〉と、戦果をかなり大げさに伝えている。

この効果はてき面だった。伊達勢ばかりか秀吉の大軍が攻め寄せてくると聞いた者たちは、先を争うように信直の陣に駆けつけた。

軍勢の多さもさることながら、撫で切り（皆殺し）を命じた秀吉の強硬な姿勢が、新豊臣政権のやり方を嫌い一揆衆に同情的だった奥州武士たちを震え上がらせたのである。九戸城（岩手県二戸市）を拠点にして一揆を指揮していた政実は、とたんに窮地におちいった。挙兵以来一緒に戦ってきた仲間は次々と離反し、城内には秀吉勢の攻撃から逃れてきた一揆勢が充満するようになった。

このために政実は、彼らと運命をともにせざるを得なくなったのである。

降伏した一揆勢を皆殺し

この時、政宗が意外な行動に出た。家臣の支倉与市《はせくらよいち》（常長《つねなが》）を政実のもとにつかわし、和平の仲介をしようとしたのである。

ところが支倉は、九戸城に入ろうとしたものの、信直の重臣に行く手をはばまれて目的を果たせなかったという。

この行動が秀吉の不興を買ったのか、これ以後、政宗は先陣からはずされ、蒲生氏郷、浅野長政、井伊直政らが九戸城攻撃の主力となった。

氏郷らは八月六日に二本松で総大将の豊臣秀次や徳川家康と打ち合わせをおこない、奥州街道を北上して九戸城に向かった。これに呼応して出羽方面からは秋田実季《さねすえ》、小野寺義道らが東進し、津軽方面からは津軽為信《ためのぶ》、松前慶広《よしひろ》らが南下して九戸城に迫った。

秀吉勢はおよそ六万。対する政実方は五千と伝えられている。政実の手勢は多く見積もっても千五百がいいところだから、他は他領から逃げ込んできた一揆衆や人足として徴用された領民だったと思われる。

合戦は九月一日から始まった。政実は一戸を第一次防御線とし、一戸城、根曽利《ねそり》城、姉帯《あねたい》城に千二百余の手勢をこめて守りを固めた。ところが最新式の装備と充分な火力をそなえた蒲生勢にまったく歯が立たず、わずか一日で敗走した。

これを追った蒲生勢は九戸城に迫り、各方面の身方の到着を待って厳重な包囲網をきずき上げた。政実たちは城に拠って抵抗したものの、軍勢と装備の差はいかんともし難い。政実は九月四日に髪を下ろし、主立った武将たちとともに投降した。

降伏の条件は家臣や一揆勢の助命だったというが、秀吉勢はこの約束を守らなかった。籠城していた者たちを二の丸に押し込め、四方から鉄砲を撃ちかけて皆殺しにしたのである。

政実には勝算があった!?

史実として分っているのはこれだけである。秀吉の奥州仕置に反発した武士たちが一揆を結んで抵抗し、中央の強大な力に抗しきれずに滅ぼされただけで、地元の野史が伝えるような華やかな合戦も英雄的な活躍もなかった。

それでも起たずにはいられなかった九戸一族の心情と決断こそが、これから書く小説の大きなテーマだが、それだけではあまりに救いがない。政実に共感もできないし、読者の興味を惹きつけるような華もない。

「せめて政実の挙兵に、いくらかの勝算があればいいが」

そう考えながら史料を読んでいるうちに、二つのことに興味を惹かれた。

ひとつは政宗が政実に使者を送り、和平の仲介をしようとしたことだ。一揆衆との内通を疑われていた政宗は、立場が危うくなることも構わず政実や一揆衆を助けようとした。それは何故か？

もうひとつは、政実が秋田県鹿角《かづの》郡を支配下におさめていて、尾去沢《おさりざわ》鉱山の銅や金を入手できる立場にあったことである。

この鉱山は奈良時代から発掘されていて、政実の頃には秋田の安東愛季《ちかすえ》（実季の父）と激しく領有権を争った末に、政実の主君だった南部晴政（信直の義父）が支配することになった。

この晴政が天正十（一五八二）年に他界した後は、領有化に功績のあった政実が実質的に支配していたと思われる。しかも山ひとつ越えた松尾鉱山からは、良質の硫黄が産出する（本格的な開発は明治期になってから）。

硫黄は火薬の原料として欠かせないのだから、それを売りさばけば銅や金以上の利益を生んだはずである。政実にこうした経済力があったとすれば、政実の反乱そのものを見直す必要があるのではないか。これまでは単に追い込まれた末の決起としかとらえていなかったが、経済力を生かした周到な戦略があった可能性は大きい。

そう考えた末にたどりついたのが、政実は秀吉の奥州進出に対抗するために、政宗と手を組んで葛西、大崎一揆をおこしたというとらえ方である。秀吉がこの地に派遣した木村吉清を追い出すために一揆をおこし、政宗を盟主として米沢以北に秀吉の干渉がおよばないようにする。

その計略のために政宗に経済的な支援をつづけたが、一揆が失敗して政宗も秀吉方になった。ここから政実の起死回生の戦いが始まり、結果として敗北にいたる。

そんな物語を夢想しながら史料固めをしている。それが実現するかどうかを楽しみにしていただきたい。

蒲生氏郷、二つの謎

三十五歳の時に会津若松四十二万石を与えられた蒲生氏郷と、奥州の覇者をめざしていた伊達政宗との熾烈な争いについては、前項の「伊達政宗と蒲生氏郷の鍔迫り合い」で書かせていただいた。

秀吉の奥州征伐と仕置きによって会津地方を没収された政宗は、旧領の回復をめざして葛西、大崎一揆を背後であやつり、氏郷を失脚させようとした。

氏郷は敢然とこの陰謀に立ち向かったが、意外なことに政宗の背後には、信長子飼いの大名である氏郷をつぶそうと目論む秀吉がいた。

そのために氏郷は、厳寒の奥州で孤立無援の戦いを強いられることになったのである。

今回は氏郷と政宗の対立の結末と、氏郷の生涯にまつわる二つの謎についてふれてみたい。

解毒は完全ではなかった

第一の謎は、氏郷毒殺説にまつわることである。氏郷が毒殺されたという噂は当時からあり、氏郷の才を恐れた秀吉や石田三成が手を下したとする史書も残されている。

中でももっとも信憑性《しんぴょうせい》が高いのが、南禅寺の住職玄圃霊三《げんぽれいさん》が氏郷の肖像画に寄せた賛と序である。

慶長二（一五九七）年、氏郷の三回忌にあたって製作された肖像画に賛を求められた霊三は、〈惜しむべし、談笑中、窃《ひそ》かに鴆毒《ちんどく》を置く〉と明記した。

ところが氏郷を診察した曲直瀬玄朔《まなせげんさく》は、『医学天正記』に氏郷は肥前名護屋城に出陣中に発病したもので、毒による急死ではなかったと記している。

このため今日では毒殺説は否定されがちだが、玄圃霊三の証言も無視はできない。そこで氏郷を主人公とした『レオン氏郷』を書くにあたって、肖像画の賛を確認することから始めることにした。

氏郷の子秀行《ひでゆき》が三回忌の供養のために描かせたこの絵は、会津若松市の興徳寺に伝来していたが、戊辰戦争の兵火によって焼失した。寺ではこれを惜しんで明治十九（一八八六）年に復原したが、史料的な価値はいささか低い。

もっと確実な史料はないかと探していると、漢詩に造詣《ぞうけい》の深い友人が、霊三ゆかりの丹後久美浜の宗雲寺に『玄圃藁《こう》』が残されていて、その中に氏郷の肖像画への賛と序が収録されていると教えてくれた。

霊三の覚え書きであるこの藁には、秀行から賛を求められたいきさつと、賛の原文が墨筆で残されている。その中に「奥州五十四郡を管領し、惜しむべし、談笑中、窃かに鴆毒を置く」

と明記されているのである。

霊三は細川忠興の家老だった松井康之《やすゆき》の叔父（母の弟）にあたる。松井家の菩提寺である宗雲寺に『玄圃藁』が残されていたのは、霊三が中興開山としてこの寺に招かれたからだ。

霊三は忠興や氏郷とも親しく交わっていた。また名護屋城では明使との和平交渉にもあたっている。その彼が三回忌の肖像画に、氏郷の死因は鴆毒によると明記しているのだから、嘘偽りだとは思えない。

一方、『医学天正記』は毒による急死ではなかったと言う。この矛盾を埋めるには、奥州出陣中に伊達政宗に盛られた毒が、徐々に氏郷の体をむしばみ、ついに死に至らしめたと考えるのが妥当だと思われる。

天正十八（一五九〇）年十一月十七日、氏郷は葛西、大崎一揆への対応を話し合うために、宮城県の下草城（黒川郡大和町）で政宗と対面した。

この席で政宗は氏郷を毒殺しようとしたが、氏郷は事前に西大寺という解毒剤を服用していたので難を逃れたと史書は伝えている。

ところが解毒は完全ではなく、後遺症となって氏郷の内臓をむしばみ、五年後に死にいたらしめた。わずか四十歳という若さで、霊三は「世寿《せじゅ》四十にして逝《い》きけり。惜しい乎《かな》。千里の駒、半途《はんと》にして一《いっ》に蹶《たお》れたり」と記して、早すぎる死を悼んでいる。

ローマ使節団十二名の派遣

第二の謎は、氏郷が伊勢松坂十二万石を領していた頃、ローマ法王に使節団を送っていることである。明治十七（一八八四）年に外務省が発行した『外交志稿』には、〈天正十二年六月、蒲生氏郷其臣《そのしん》山科勝成岩上 某《なにがし》（伝右衛門ト称《しょう》ス）等十二名ヲ遣《つかわし》テ羅馬《ローマ》ニ聘《へい》ス〉

そう記されている。

この説の出所となったのは、蒲生家の旧臣の家に残された『御祐筆日記《ごゆうひつにっき》 抄略《しょうりゃく》』だと思われるが、この書には使節団が天正十四（一五八六）年十一月に帰国した時の様子を次のように伝えている。

〈山科羅久呂左衛門《やましなろくろざえもん》、岩上伝右衛門ノ人々、同月 廿一日《にじゅう》異国ヨリ罷《まか》リ帰リ、羅馬ノ大僧正ヨリノ贈リモノ、即チ書一巻並《ならび》ニ購《あがな》ヒ取リ来リシ小銃三十ヲ進《しんぜ》ラセケレバ、氏郷卿御喜悦斜メナラズ、羅久呂左衛門へ恩賞トシテ五百石御加増アリ〉

この山科羅久呂左衛門勝成《かつしげ》とは、イタリア人ロルテスの日本名である。ロルテスはポルトガル船の航海士をしていたが、船から脱走して氏郷に仕えるようになった。羅久呂とは帆を上げる時に用いる轆轤《ろくろ》にちなんだものだ。

徳川家康に仕えたイギリス人航海士ウィリアム・アダムスが、三浦按針《あんじん》と名乗ったのと似たようなものである。

また氏郷がローマで最新式の小銃三十挺を購入させたのは、父賢秀《かたひで》の頃から日野で鉄砲の生産にあたってきた経験があり、いち早くヨーロッパの技術を取り入れようとしたのだろう。

戦国時代はヨーロッパの大航海時代にあたっている。これに刺激されて日本も大きく変わったが、江戸時代に鎖国政策をとったために、海外との交易や外交についての記録が抹殺されてしまったのである。

蒲生氏郷と大航海時代

蒲生氏郷は世界を夢見た男であった。

日本が西洋世界と最初に出会った時代のただ中に生まれた氏郷は、信長・秀吉に仕えながら会津百万石の大大名に立身するが、彼の眼は国内ばかりには向いていない。

西洋のすぐれた文明に触れ、スペインやポルトガル、イギリス、オランダが大航海時代の真っただ中にあることを知って、日本もそうしたグローバル化に向けて踏み出す必要があるといち早く考えていた。

高山右近に感化されてキリスト教に入信したのも、ロルテスというイタリア人技術者を家臣にし、使者としてローマへつかわしたのも、やがて来る世界進出の日に向けての布石だったのである。

信長にひと目で気に入られる

氏郷は蒲生賢秀の嫡男として近江国日野の中野城で生まれた。蒲生家は俵藤太秀郷《たわらのとうたひでさと》の子孫で、蒲生郡を中心にして六万石ほどの所領を持つ大名だった。

伊勢から鈴鹿峠をこえて近江に入る東海道にもちかいので、古くから日野商人を輩出したことで知られている。また、堺や国友、根来《ねごろ》とならび、早くから鉄砲の生産を始めたところで、その技術力の高さは日野鉄砲の名で全国に知られていた。

商人と鉄砲といえば、堺との交流が不可欠である。氏郷が幼い頃から世界への眼を開いたのは、父や家臣たちにつれられて堺をたずね、南蛮人や南蛮船に直にふれていたからだと思われる。

氏郷が十三歳の時、信長が足利義昭を奉じて上洛の軍勢をおこした。南近江の重鎮であった蒲生賢秀は、信長に従うべきかどうか迷った末に、氏郷を人質に出して服属することにした。

人質になれば、いつ殺されるか分らない不安な日々が待っている。氏郷は一命を捨てる覚悟で岐阜城におもむいたが、信長はひと目で氏郷の才質を見抜き、小姓として重用した。

しかも翌年には娘の冬姫を嫁がせ、中野城にもどることを許したのだから、氏郷への期待のほどがうかがえる。

その後、氏郷は織田軍団の一員として鮮やかな働きをしたが、天正十（一五八二）年六月、信長は本能寺の変で討ち果たされた。時に氏郷は二十七歳。変報を聞くとただちに安土城に駆けつけ、信長の妻子や側室たちを中野城にかくまった。

安土に侵攻してきた明智光秀は、再三にわたって使者を送り、妻女を引き渡して軍門に下るなら近江半国を与えると申し入れたが、氏郷は要求を拒み抜いて信義を貫いた。

光秀が山崎の戦いに敗れて滅亡した後、織田家の後継者をめぐって秀吉と柴田勝家が激しく争うことになった。この時、氏郷は秀吉支持をいち早く表明し、賤ヶ岳の戦いの前哨《ぜんしょう》戦となった伊勢攻めにおいて秀吉勢の先陣をつとめた。

秀吉なら信長がめざしていた天下統一と外国進出の夢をはたしてくれると考えたからで、天正十一（一五八三）年六月には妹のとら（三条殿）を秀吉の側室とし、義兄弟のちぎりをむすんでいる。

その翌年、小牧・長久手の戦いを乗り切った秀吉は、氏郷を松ヶ島城に入れて南伊勢十二万石の所領を与えた。東国の徳川家康にそなえるためで、氏郷は畿内の守りの最前線を受け持つことになったのである。

天正十八（一五九〇）年、小田原城の北条氏を亡ぼし、奥州平定に乗り出した秀吉は、氏郷に会津四十二万石を与えた。その翌年には伊達政宗の旧領だった伊達、信夫、四本松などの地を合わせ、七十三万四千石とした。

これが後の検地で九十二万石の実高があることが分り、会津百万石と称されるようになる。本能寺の変から九年後で、氏郷は三十六歳になっていた。

この後、氏郷は会津若松城をきずいて領国経営に乗り出すが、四年後に志半ばにして京都の屋敷で他界。

死因は内臓の疾患《しっかん》だというが、伊達政宗に盛られた毒の後遺症だった可能性が高い。

イタリア人ロルテスを家臣に

氏郷の生涯できわ立っているのは、イタリア人ロルテスを家臣とし、三度にわたってローマに派遣していることだ。ロルテスは兵法、天文、地理に通じた技術者で、日本名を山科羅久呂左衛門勝成という。

天文や地理の知識は航海には欠かせないので、ロルテスは外洋航海ができる航海士だったのだろう。轆轤は大型船の帆や碇《いかり》などを巻き上げる際に用いるもので、それを名前として使っていることも航海士であったことをうかがわせる。

氏郷は天正十二（一五八四）年五月、松ヶ島に転封になった直後にロルテスら十二人をローマに派遣し、ローマ法王に黄金百枚を献上した。これは法王に好みを通じると同時に、最新式の鉄砲を買い入れるためだった。

一行は二年後の十一月にローマから帰国し、法王の書状と鉄砲三十挺を持ち帰った。氏郷はロルテスに恩賞として五百石を加増し、同じ月に竹村藤次郎らを再びローマに派遣した。

この説は明治十七（一八八四）年に外務省が発行した『外交志稿』で取り上げられ、明治三十七（一九〇四）年十月発行の『太陽』において渡辺修二郎氏が「蒲生氏郷羅馬遣使説の出處」という論文で考察を加えたものである。

この論文によれば、加賀前田家の家臣となった蒲生家の子孫が『御祐筆日記』と題する家記を保持していて、この中にローマ派遣のことが明記されているという。

それを証明する史料が他にないため、今日の歴史学界では黙殺されているが、私は事実だろうと思っている。信長・秀吉の頃には西洋人が数多く来日していたし、その中にはさまざまな分野の先端技術者がいた。

家康がイギリス人のウィリアム・アダムス（三浦按針）やオランダ人のヤン・ヨーステンを顧問にしていたことはよく知られている。

信長や秀吉、そして他の有力大名がそうしたことをしていなかったと考えるほうが不自然なのである。

末世の道者、大内義隆の最後

先日初めて山口市をたずねた。

大内家の屋敷跡である龍福寺《りゅうふくじ》や、美しい五重の塔で知られる瑠璃光寺《るりこうじ》、フランシスコ・ザビエルが山口に来て布教を始めたザビエル公園など、見所は多い。

山口が西の京と呼ばれるのは、大内家の歴代当主が都の文化にあこがれ、京都を模した町造りをおこなったからだ。その名残りは竪小路《たてこうじ》や大殿大路《おおどのおおじ》という地名にもうかがえる。

大内家は南北朝時代から、現在の山口県、広島県、島根県、福岡県にまたがる所領を有した大大名で、西国一の太守《たいしゅ》と称された。その力の源は、朝鮮や中国との交易だった。

面白いことに、大内家の遠祖は百済《くだら》の王子琳聖《りんしょう》太子だと伝わっている。太子が遠い昔に日本に帰化し、大内氏の祖となったというのだが、これは史学的には疑問視する向きが多い。

琳聖太子が実在したという史料はなく、大内氏が遠祖説をとなえ出すのは、室町時代の応永十一（一四〇四）年になってからである。それゆえ朝鮮との外交や交易を有利にするために先祖を詐称《さしょう》したのではないかと見られている。

その実否はおくとしても、大内氏が百済王子の子孫と名乗ったことは、朝鮮や中国との交易にどれほど大きく依存していたかを如実に示している。

この頃足利三代将軍義満は日本国王を称して明国との勘合貿易を始めたが、大内家が百済王子の末裔と称したのは、これに対抗するためだったかもしれない。

この戦略は功を奏し、やがて大内家は勘合貿易を独占する地位を与えられる。そうして大内教弘《のりひろ》の頃には周防《すおう》、長門《ながと》、豊前《ぶぜん》、筑前《ちくぜん》、安芸、石見《いわみ》、肥前《ひぜん》にまたがる大国をきずき上げた。

大内家が滅亡するのは、それからおよそ百年後。末世の道者と呼ばれた義隆の時だった。

ザビエル、武士の男色を否定!?

義隆が後に末世の道者と呼ばれたのは、戦国乱世にありながら文化や道徳を基本にした文治政策をとり、重臣の陶隆房に亡ぼされる運命をたどったからである。

先祖代々京都にあこがれ、朝廷文化の受容に熱心だったこともあって、義隆は公家や僧侶、連歌師、能楽師《のうがくし》などを山口に招き、手厚く保護した。世が下克上を良しとする戦乱の時代だっただけに、余計に道理と伝統にもとづいた治政をしようと心掛けたのかもしれない。

そうした姿勢は、異国からの賓客《ひんきやく》であるフランシスコ・ザビエルに対しても変わらなかった。天文十九（一五五〇）年十月、ザビエルの一行は布教のために山口をおとずれた。この地をえらんだ理由は、人口一万人以上の大都市であり、義隆が日本最強の大名だと聞いたからだという。

義隆はザビエルを館に招き、「貴公はどこから何故日本に来たか」とたずねた。するとザビエルは「何人でも全人類の救主《すくいぬし》たるイエス・キリストを信ぜずしては救われないので、天主の教えを広めるために来日した」と答えた。

すると義隆は「天主の教えとは何かを説明せよ」と言ったので、ザビエルは布教のために日本語で書いた本を読み上げた。義隆は一時間以上も熱心にそれを聞き、一行を退去させたという。

これはザビエル自身が手紙に記していることだが、同行したフェルナンデス修道士によれば、読み上げた本の内容は、

「日本人のおちいっている偶像崇拝の罪、日本人の悪習から男色の罪悪におよび、このような非行におちいる者は豚より穢《けが》らわしく、犬などの畜生にも劣る」

というもので、これを聞いた義隆は激怒して一行を追い出したのだという。

この当時武士の男色は一般的で、義隆もその愛好者だったからである。

深い愛ゆえの憎しみ

翌年の九月、義隆は長門の大寧寺《たいねいじ》に追い詰められて自刃し、大内家は数百年にわたる栄光の歴史を閉じた。

皮肉なことに謀叛をおこした陶隆房は、かつて義隆の寵童《ちょうどう》だった。

年の差は十四歳。絶世の美少年と評判だった隆房を義隆はなめ回すように可愛がり、長じてからは大内家第一の重臣として取り立てた。隆房も期待通りの成長をとげ、隣国の尼子晴久との戦いでは、たびたび陣頭に立って活躍した。

ところがいったん不信の念が生まれると、こうした関係は意外にもろい。可愛さあまって憎さ百倍という感情は双方にあったようで、年がたつにつれて二人の関係は険悪になっていった。

その原因はいくつかある。義隆が相良武任《さがらたけとう》を重用して隆房を遠ざけるようになったこと。義隆の文治主義、復古主義、貴族趣味に対して、武断派で現実主義の隆房が反発するようになったこと。両派の対立をあおって漁夫の利を狙った毛利元就の策謀があったこと、等々である。

しかし対立の根底には、かつては愛し合った仲なのにという感情的なしこりが横たわっていたと思われる。だとすればザビエルが言う「豚よりも穢らわしい」行為によって、二人とも身を亡ぼしたというべきである。

隆房らの軍勢に攻められた義隆らは、長門の仙崎港《せんざきこう》から筑前博多に向かおうとした。

隆房らの勢力がおよんでいない博多に行き、退勢《たいせい》を立て直そうとしたが、嵐にさえぎられて引き返さざるを得なくなった。

そこでやむなく深川町の大寧寺に引き返し、風呂で行水し、最後の酒宴を張って自刃したのである。

大寧寺の裏山の墓地には、義隆と運命をともにした人々の墓が並んでいる。

その中には前《さき》の左大臣三条公頼《きんより》のものもある。公頼は武田信玄の妻三条殿の父親だが、山口に下向し、義隆と行動をともにしたために難にあった。

また前の関白二条尹房《ただふさ》も、この戦乱に巻き込まれて命を落としている。こうした貴人が武家の争いの犠牲になったのは、おそらく平家滅亡の時以来であろう。

大内家の滅亡はそれほど大きな出来事だったのである。

宇久盛定と王直

五島列島は九州の西のはずれに位置している。古くから漁業と交易によって生計を立ててきた島で、戦国時代史においてはこれまであまり注目されることはなかった。

しかしこの辺境の島も、東アジア貿易の中心地として異彩を放った時期がある。

天文九（一五四〇）年に明国の舟山《しゅうざん》諸島を拠点としていた海商王直が、五島の福江港に拠点を移し、東シナ海を往来して貿易にあたったからだ。

王直といえば海賊とか倭寇《わこう》と呼ばれることが多い。当時の明国は海禁策（鎖国）をとっていて、民間人の貿易を禁止していた。王直らはこの禁制を破って日本や朝鮮、東南アジアの貿易にたずさわっていたために、明国からは犯罪者あつかいされたが、その実体は貿易業者や海運業者にかぎりなくちかい。

その頃日本の石見銀山では、灰吹法という新しい製錬技術が導入され、銀の産出量が飛躍的に伸びていた。

これを銀の不足に悩む明国に持ち込めば、十倍ちかい値段で売れることに目をつけた王直らは、舟山群島にもっともちかい五島に拠点をおいて、日明の密貿易にあたった。

この頃五島を支配し、王直らと密接にかかわったのが宇久盛定《うくもりさだ》という俠気に満ちた武将だった。

鉄砲は一五四〇年五島の福江に伝来していた

宇久氏は鎌倉時代以来、五島列島の北にある宇久島を本拠地としていた。源平争乱に敗れた平家の水軍が住みついたものだと伝えられている。

ところが宇久家八代の当主覚《さとる》の時、一族をひきいて福江島の岐宿《きしく》に移った。南北朝時代、一三八三年のことだ。その子勝《すぐる》の代になると、福江港の近くに辰ノ口城をきずき、五島列島の盟主としての地位を確立した。

十七代宇久盛定は、永正二（一五〇五）年に生まれた。

三歳の頃、父が重臣の反逆によって殺され、母や乳母とともに命からがら福江島から脱出した。頼ったのは母の実家である平戸の松浦《まつら》家だった。

松浦党といえば肥前の海賊として知られているが、早くから五島列島にも勢力を伸ばし、宇久氏とも姻戚関係をむすんで交易にあたっていたのである。

盛定が十七歳になった時、反逆した重臣たちが内輪もめを起こし、家臣や領民の信望をうしなっているという知らせがとどいた。そこで盛定は旧領回復の決意を固め、松浦家から軍勢と船をかりて福江に攻め込み、見事に宿願をはたした。

五島を平定した後、盛定は松浦家の長年の庇護に感謝し、中通島《なかどおり》の塩釜十五カ所を贈ったという。製塩業も島の重要な産業であったことがうかがえる記録である。

王直がジャンクをつらねて福江港をおとずれたのは、それから十九年後のことだ。甲板では馬三頭を走らせることができたというので、幅十メートルちかい巨大な船だったのだろう。

王直は盛定と対面して数々の贈物をし、交易の開始と居住地の貸与を求めた。

盛定はこれに応じ、港の近くの広大な土地を屋敷にするように計らった。このあたりは今も唐人町と呼ばれ、王直らが使ったという六角井戸や明人堂が残されている。

盛定の狙いは王直から関銭（関税）や津料（港湾利用税）をとることと、彼らが明国や東南アジアから運んでくる貿易品を買い取り、各地に売りさばくことだった。

王直らは銀を買い入れる代金をかせぐために、火薬の原料である硝石や灰吹法に欠かせない鉛、生糸や陶磁器などを持ち込んでいたが、これが日本国内では何倍もの値段で飛ぶように売れた。

この利益に目をつけたのは盛定だけではない。彼の伯父にあたる松浦興信《おきのぶ》も、天文十（一五四一）年に王直を平戸に招き、港の近くに屋敷を与えて来航をうながしている。

これが種子島に鉄砲が伝わったとされる年より二年も早いことに、ご注目いただきたい。かの地に鉄砲を伝えたポルトガル人は偶然漂着したのではなく、東南アジアから五島に向かう王直の船に便乗していたのである。

王直らも船を守るために鉄砲や大砲を装備していたはずだから、鉄砲は天文九（一五四〇）年に五島の福江に伝わったとするのが正しいと思われる。

王直の戦略眼を物語る城

平成二十二（二〇一〇）年六月、五島列島に取材に行った。

福岡空港からボンバルディア社のプロペラ機に乗り、大海原に細くつらなる島々を上空からながめた。

地理的な感覚から言えば絶海の孤島にちかいが、海路という視点で見れば五島は東アジアの中心に位置している。

それゆえ遣唐使も島の港で風待ちをし、東シナ海に乗り出していった。それを物語るように、空海や最澄にまつわる伝説が島内各地に残されている。

王直がこの島に拠点をおいたのは、決して偶然ではなかったのである。

もっとも興味深かったのは、王直が中通島の小手ノ浦にきずいた城だった。

港にせり出した山の斜面を高さ一・五メートルほどの石垣で二重に囲んでいる。石垣は二キロちかくにわたってつづき、出入口にあたる二つの谷には四重五重の防塁がほどこしてある。

これは朝鮮式山城と同じ作り方で、万一敵から攻められた時には村人全員が山に立てこもって戦い、食料や財宝もこの上に運び込んで略奪を防ぐのである。

おそらく王直らは福江と平戸の間にあるこの島に城をきずき、密貿易品の保管場所にしたのだろう。また宇久盛定や松浦興信らが裏切った場合にそなえ、拠点となる城を確保しておく必要にも迫られていたにちがいない。

城の調査はまだ手つかずで、うっそうたる雑木林にうずもれたままである。それは日本史の中でも正当な評価をされていない王直の姿を象徴しているようだった。

巨大な海賊となった王直

韓国の済州島《チェジュ》をたずねた。

漢拏山《ハルラ》を中心とした火山島で、石が多く風が強いことで知られている。これに女性の強さを加えた三つが、済州島の名物だと言われるほどだ。

人口は五十六万人。主要な産業は農業と漁業だが、近年では観光業が中心となりつつある。

島をたずねたのは、戦国時代の和寇の足跡をたどるためだった。

明国の舟山諸島を拠点とした王直が、五島列島や済州島に基地を作って東シナ海の交易を支配したことはよく知られているが、済州島における活動はあまり明らかにされていない。

そこで島の事跡をこの目で確かめ、歴史館や博物館、済州大学の教授などに教えをこうことにしたのだった。

前項でもふれたが、王直の最大の狙いは世界の銀の三分の一を産出したといわれる石見銀山である。当時明国は銀を貨幣として用いるようになり、慢性的な銀不足に悩んでいた。それゆえ石見から銀を買い付けて明国で売りさばけば、ぬれ手で粟《あわ》のもうけを得ることができた。

その銀を買い付ける元手を得るために、硝石や鉛、生糸や陶磁器などを日本に持ち込み、戦国大名や有力商人たちに高値で売り付けた。往復の商売で大もうけした王直は、動員兵力数万人といわれる巨大な海賊に成長し、東シナ海に海の王国をきずいたのである。

済州島での取材は順調で、王直配下の和寇が一五五二年と一五五五年の二度にわたって島に来襲したことや、島の東部にある牛島《ウド》に基地をきずいていたことが分ったが、ここでは王直の人生についてふれてみたい。

密貿易で莫大な利益を得る

王直は上海《シャンハイ》の北部に位置する安徽《あんき》省に生まれた。初めは塩商人をめざしていたが、これに失敗したために密貿易の仲間に加わった。

一五四〇年、王直は寧波《ニンポー》沖の島々を拠点とする海賊のボスとして頭角を現わし、硝石、硫黄、生糸、綿などの交易によって巨益を得た。五島の福江（五島市）をおとずれ、宇久盛定から屋敷を献上されたのはこの年のことである。

以来、寧波と福江を往来して交易にあたった。一五四三年にポルトガル人を種子島につれてきたのも王直で、本来の目的は良質の硫黄を仕入れることにあった。

硫黄は黒色火薬の原料として欠かせないし、中国や東南アジアには産出しないので、今日のレアアースに匹敵するほどの有力な交易品だった。

ところが当時の明国は海禁策をとり、民間人の貿易を禁止している。王直らが海賊と呼ばれたのはこの法律に反していたためで、あまり派手な活動をすれば取締りの対象となるのはさけられない。

一五四七年、明国は朱紈《しゅかん》を取締り役に任じ、翌年には王直らが拠点としていた双嶼《そうしょ》港のいっせい摘発にあたらせた。港の口を封鎖して全員捕まえる強硬策で、王直らは大打撃を受けて舟山諸島に逃れた。

しかし、明国の沿岸部には王直との取り引きでうるおっていた有力者や商人も多く、朱紈の強硬策にいっせいに反発した。そのために朱紈は摘発の翌年に失脚し、服毒自殺をとげている。

それ以後、王直らは舟山諸島を拠点とし、明国沿岸の有力者や商人との交易をつづけた。これを取締まろうとする役人や、契約を履行しない取り引き相手には武力で対抗したために、明国を襲撃したと記されることが多いが、本質はあくまで交易にあった。

王直はやがて五島の福江に拠点を移し、肥前や薩摩の水軍を支配下に組み入れて徽王《きおう》と称するようになる。日本でも村上水軍や松浦水軍が海を支配したことはよく知られているが、王直は彼らの上位に立って東シナ海に海の王国を打ち立てた。

済州島の牛島に基地をおき、朝鮮半島南岸にたびたび来襲したのはこの頃のことである。

打倒王直に動いた大友宗麟

ところが栄光は長くはつづかなかった。

明国は王直の取締りに本腰を入れ、日本にも使者を送って協力を要請した。これにいち早く応じたのが豊後の大友義鎮（宗麟）と対馬の宗氏である。

王直とのつながりを持たなかった大友宗麟は、マカオを拠点としたイエズス会やポルトガル商人から硝石や硫黄、生糸を入手していたので、王直とは敵対していた。

また宗氏は長年朝鮮と日本の交易の窓口となり、独占的な地位をきずいてきたので、王直らの活動はいかにも目ざわりだった。

そこで両者は、明国や朝鮮と協力して王直を打倒しようとしたのである。

明国でこの作戦を担当したのは胡宗憲《こそうけん》。王直と同じ安徽省出身の役人である。彼は日本での調査と協力要請を終えた上で、福江にいる王直のもとに使者をつかわした。

そして故郷で捕らわれの身となっていた王直の家族や親戚を保護していることを伝え、投降したならこれまでの罪を問わないし、寧波を拠点とした交易を許すと申し入れた。

これに心を動かされた王直は、腹心の部下二人を胡宗憲のもとに送り、申し出に偽りがないかどうかを確かめさせた。その上で一五五七年九月二十三日に福江から出港し、十月末に千人あまりの部下とともに胡宗憲のもとに出頭した。

ところが約束は守られなかった。

王直はその場で捕らえられ、一五五九年十二月に処刑された。この間胡宗憲は約束の履行と海禁策の緩和を求めつづけたが、明国政府はついにこれを許さなかった。

王直が処刑された三年後、胡宗憲は投獄され、自ら命を絶っている。それが同郷人王直を死に追いやった彼の、責任の取り方だったのかもしれない。

おわりに「旅と歴史と物語」

小説を書く時には、舞台となった土地にできるだけ足を運ぶことにしている。主人公が生まれ、育ち、歴史に名を残す活躍をした場所に立てば、史料だけでは分らない多くの真実が見えてくる。

古戦場を歩けば戦った時の苦労が身体感覚として分るし、生まれ育った故郷に数日とどまれば、風や土の匂い、方言の特質、食生活の状況など、その人物の根底を支えるものが少しずつ理解できるようになる。

むろん五百年、千年の間にいろんなことが変わっているが、地形や風土、人の気質などはそのまま受け継がれている場合が多い。

取材先で必ず訪れるのが居酒屋である。夕暮れ時に宿を出て、あたりの繁華街をひと回りして良さそうな店を物色する。店の構えや繁盛《はんじょう》の無有でいい店かどうかは分るので、いくつか目星をつけてからここぞという店ののれんをくぐる。

座るのはカウンターである。常連さんの邪魔をしないように片隅に座り、旬《しゅん》のものを二、三品出してもらって地酒を飲む。

店主や客の話に一時間ほど耳を傾けていると、土地の人たちの個性がだいたい分る。その個性こそ、主人公の人物造形の核になるものである。

やがて酒やつまみの話をきっかけに、他の客たちとの話になる。どこから来たか。何をしているか。何のために来たか。そうした質問に正直に答えると、相手も親身になってこちらの質問に答えてくれる。

「それなら○○さんに聞いたらいい。元校長先生で郷土史に詳しいから」

「学校では××のことを裏切り者のように教えるけど、本当はちがうよ。このあたりでは神様として祭られているもの」

まわりの人たちが次々に話に加わり、時ならぬ郷土史談義の花が咲く。それなら明日案内してやろうとか、先生を紹介してやるという人もいて、取材が一挙にはかどるのである。

昔から旅も酒も好きだった。

十七、八歳の頃には自転車で一週間ほどふらりと出かけていたし、行った先の安酒場で地元の人たちと話をするのが楽しみだった。事前の計画は一切立てず、足の向くまま気の向くまま。それも決まって一人だった。

その頃はお金と暇ができると何かに急き立てられるように飛び出していたが、今にして思えば「ここではないどこか」を追い求めていた気がする。

私が生まれた福岡県八女市の郷里は、四方を山に囲まれた山里の集落だった。まるですり鉢の底のような地形で、子供の頃からいつも空をながめたり、あの山の向こうには何があるだろうと想像しながら暮らしてきた。テレビもパソコンもゲームもない時代なので、想像する時間だけはたっぷりとあった。

酒席にも子供の頃から連なっていた。山奥の里には昔の風習がそのまま残っていて、客を招いて宴会をする時には、家の男共が座敷に出て給仕をする。女性は台所で料理をするだけで、決して客の前には出ない。

これは平安時代の頃からのもてなし方で、主人が走り回って方々から佳肴《かこう》を集めるので馳走という。家の男が全員給仕に出るのは客の面識を得るためで、私も七歳の頃から給仕に出て、勧められるまま酒を飲んでいた。

今では考えられないことだが、子供も共同体の一員としてむかえられ、自覚と責任を持つように教育されていたのである。そして大人たちが酒に酔い、理性を脇において話に興じるのは、「ここではないどこか」に旅立つためだということがおぼろげながら分っていた。

酔狂《すいきょう》という言葉がある。普通は悪ふざけという軽い意味で使われるが、我が山里では「酔って狂う」ことを指す。酒に酔い突然人格が変わって、暴れ出したり猛烈な言葉で人を非難したりする。

中には刃物をふり回す人もいて、子供には何とも恐ろしい光景だったが、大人たちは意外なほど寛容だった。

「あの人は酔狂回しやけんで」

仕方なげに言って、酒の席のことだと水に流すのである。

それはおそらく、酔狂回しが道化師《トリックスター》の役割をはたしていたからだと思う。村人たちも怒りや不満や憤懣《ふんまん》を抱えて平凡な日常を生きている。その心の澱《おり》を、酔狂回しの狂態を見ることで吹き払っていたのだろう。

そうした血は私の中にも流れている。酒の席で座をにぎわすためにジョークを飛ばすのも、笛を吹かれれば踊り出すのも、酔狂回しの血がソフトな形で現われているからにちがいない。

小説を書くようになったのも、どうやら同じ動機のようである。青春時代、すべてに行き詰まった時期があった。

共感していた社会主義思想に失望し、進路も見失い、失恋の痛手まで重なった。しかしそれは表に現われた現象にすぎず、根本的な原因は現代社会に対する違和感にあった。古い価値観が脈々と生きていた山里で育った私には、高度経済成長期の日本の価値観にどうしてもなじめなかった。級友たちは適合しなければこの社会では生きてはいけないと腹をすえていたようだが、私にはできなかったし嫌だった。

そんな時に出会ったのが戦後無頼派の作家たちである。中でも太宰治と坂口安吾の作品には救われた。こんな違和感を抱えているのは自分だけではないと分ったからである。

作家になろうと決めたのは、自分もこんな風に人を救う仕事がしたいと思ったからだが、考えてみれば太宰や安吾の小説も道化をベースとしている。この世への違和感を道化によって乗りこえる、あるいは道化によってこの世の人たちとつながろうとしている、と言うべきか。

私も同じ動機で小説を書き始めたが、やがて現代小説から歴史小説へ移っていった。現代と向き合おうとすると違和感の虜《とりこ》になって、攻撃性ばかりが目立つ作品を書いてしまい、プロの作家として通用するレベルに達することができなかった。

ところが歴史を題材にした小説だと、時間のへだたりが客観的視野を生んでくれたし、この国で生きた人々への共感と愛情を無理なく抱《いだ》くことができた。そして現代小説では越えられなかった出版社の新人賞の壁を、わずか二作で突破することができた。

以来三十三年間、ずっと歴史小説を書いてきた。主に舞台としたのは戦国時代。中でも織田信長からは目が離せず、これまでいろんな角度からアプローチしてきた。

それは信長が好きだからではない。私ごときの人生観や歴史観では太刀打ちできない天才性と狂気を、信長は生まれながらに持っている。彼を理解できれば、日本人と日本史についてすべてが分る。

そうした確信があって努力をつづけてきたが、彼の本質はいまだにつかみかねている。だが長年取り組んだおかげで、なぜ信長を理解できないかということだけは分ってきた。

それは江戸時代に作られた信長像を、明治以後もそのまま踏襲《とうしゅう》してきたからだ。たとえば信長の父信秀は、尾張下四郡の守護代家の三奉行の一人にすぎなかったと通説は言う。

ところが大きな所領こそ持たなかったものの、信秀は伊勢湾海運を支配することによって、隣国の今川家や斎藤家をしのぐほどの経済力を持っていた。信長の飛躍は、この経済力と経営能力を基礎としたものだった。

桶狭間の戦いも、信長が敵の側面に迂回し、本陣を奇襲したから勝つことができたと信じられてきた。しかしこれは明治三十五年に陸軍が編さんした『日本戦史』によって普及した説である。

信長の家臣だった太田牛一が残した『信長公記』には、信長勢は今川勢と真っ正面から戦い、「水をまくるがごとく」敵を追い散らしたと書いてある。

陸軍がこうした間違いをしたのは、おそらく江戸時代の史家が源氏の名門である今川家に遠慮して捏造《ねつぞう》した奇襲説を、そのまま採用したからだと思われる。

これ以外にも、江戸時代に書かれた史書には多くの誤りがある。それは江戸幕府がとった鎖国政策、身分差別政策、儒教教育、朝廷封じ込め政策などが、歴史観までねじ曲げてしまったからだ。

戦国時代は世界の大航海時代にあたっていて、日本も海外から多大な影響を受けた。ところが鎖国史観で書かれた史書は国内だけの視野しか持たず、硝石や鉛の輸入、銀の輸出などには目を向けようとしなかった。

またこの時代は空前の高度経済成長期で、商人や流通業者が戦国大名をしのぐほどの経済力を持ち、彼らの協力なしには信長も秀吉も政権運営をすることができなかった。ところが士農工商の身分差別を固定化した幕府は、彼らが神君家康公を天下人にしたとは絶対に認めようとしなかった。

かくて海外との交易についての理解も、商業や流通への目配りもない戦国史ができあがり、それが今日まで是正されなかったために、本当の信長像が見えなかったのである。

そのことに気付いてからは、江戸史観のベールをはぎ取った本当の戦国時代像を書きたいと願うようになった。そのための有効な手段は、舞台となった土地を丹念に歩いて取材を重ねることである。

私は常々、歴史は民族の自画像だと思っている。その像を正しく描けなければ自分が何者かも分らず、過去の過ちをくり返すことになりかねない。

老い先は短く、残された時間は限られているが、少しでも歴史の真実に近づくために、取材と探究をつづけていきたい。

本書は『安部龍太郎「英雄」を歩く』(日本実業出版社)を改題し、
加筆修正したものです。

著者略歴

安部龍太郎《あべりゅうたろう》

一九五五年六月福岡県八女市(旧・黒木町)生まれ。久留米工業高等専門学校卒業。
東京都大田区役所に就職、後に図書館司書を務める。
一九九〇年「血の日本史」でデビュー。
二〇〇五年「天馬、翔ける」で第一一回中山義秀文学賞受賞。
二〇一三年「等伯」で第一四八回直木賞受賞。
二〇一五年福岡県文化賞受賞。
著書に『関ヶ原連判状』『信長燃ゆ』『蒼き信長』『おんなの城』『家康』
『信長はなぜ葬られたのか』など多数。
安部龍太郎オフィシャルサイト https://aberyutarou.com/

幻冬舎新書 533

信長になれなかった男たち
戦国武将外伝

二〇一九年一月三十日　第一刷発行

著者　安部龍太郎
発行人　見城　徹
編集人　志儀保博

発行所　株式会社　幻冬舎
〒一五一―〇〇五一　東京都渋谷区千駄ヶ谷四―九―七
電話　〇三―五四一一―六二一一（編集）
〇三―五四一一―六二二二（営業）
振替　〇〇一二〇―八―七六七六四三

ブックデザイン　鈴木成一デザイン室
印刷・製本所　中央精版印刷株式会社

Printed in Japan　ISBN978-4-344-98534-6 C0295
あ-16-2

幻冬舎ホームページアドレス http://www.gentosha.co.jp/
＊この本に関するご意見・ご感想をメールでお寄せいただく場合は、comment@gentosha.co.jp まで。

幻冬舎新書

片山杜秀
平成精神史
天皇・災害・ナショナリズム

度重なる災害、資本主義の限界、浅薄なナショナリズム。「平らかに成る」からは程遠かった平成。この三〇年に蔓延した精神的退廃を日本人は乗り越えられるのか。博覧強記の思想家による平成論の決定版。

原田マハ
ゴッホのあしあと
日本に憧れ続けた画家の生涯

53億円の《ひまわり》、72億円の《アイリス》などの傑作を生みながら生前は絵が売れなかったゴッホ。浮世絵と日本への憧憬、画商の弟・テオとの強い絆を丹念に解説した決定版ゴッホガイド。

小長谷正明
世界史を動かした脳の病気
偉人たちの脳神経内科

ジャンヌ・ダルクが神の声を聞いたのは側頭葉てんかんの仕業？　南北戦争終結時、北軍の冷酷なグラント将軍が南軍に寛大だったのは片頭痛のせい？　リーダーの変節を招いた脳の病を徹底解説。

澤村修治
西郷隆盛
滅びの美学

豪放磊落ながら人間嫌い。義に厚くして冷徹な戦略家。明治維新という奇跡の革命を成し遂げながら西南戦争で武士道に殉じた、矛盾の人・西郷。その「滅びの美学」に国難の時代の生き方を学ぶ。

幻冬舎新書

小谷野敦
文豪の女遍歴

夏目漱石、森鷗外、谷崎潤一郎ほか、スター作家62名のさまよえる下半身の記録。姦通罪や世間の猛バッシングに煩悶しつつ、痴愚や欲望丸出しで恋愛し、それを作品にまで昇華させた日本文学の真髄がここに！

山村竜也
幕末武士の京都グルメ日記
「伊庭八郎征西日記」を読む

隻腕の武士・伊庭八郎が、将軍・家茂の京都上洛に帯同した際に記した「征西日記」の全文を現代語訳し詳細に解説。京都グルメに舌鼓を打つ幕末武士のリアルな日常が実感できる稀有なる一冊。

辻田真佐憲
日本の軍歌
国民的音楽の歴史

軍歌は国民を戦争に動員する政府の道具であり、最も身近な国民の娯楽、レコード会社・新聞社・出版社にとっては、確実に儲かる商品だった。誕生から末路まで、史上最大の大衆音楽の引力に迫る。

島田裕巳
靖国神社

靖国神社とは、そもそも日本人にとって何か。さまざまに変遷した145年の歴史をたどった上で靖国問題を整理し、未来を見据えた画期的な書。靖国神社の本質がついにこの1冊で理解できる。